essentials liefern aktuelles Wissen in konzentrierter Form. Die Essenz dessen, worauf es als „State-of-the-Art" in der gegenwärtigen Fachdiskussion oder in der Praxis ankommt. *essentials* informieren schnell, unkompliziert und verständlich

- als Einführung in ein aktuelles Thema aus Ihrem Fachgebiet
- als Einstieg in ein für Sie noch unbekanntes Themenfeld
- als Einblick, um zum Thema mitreden zu können

Die Bücher in elektronischer und gedruckter Form bringen das Expertenwissen von Springer-Fachautoren kompakt zur Darstellung. Sie sind besonders für die Nutzung als eBook auf Tablet-PCs, eBook-Readern und Smartphones geeignet. *essentials:* Wissensbausteine aus den Wirtschafts-, Sozial- und Geisteswissenschaften, aus Technik und Naturwissenschaften sowie aus Medizin, Psychologie und Gesundheitsberufen. Von renommierten Autoren aller Springer-Verlagsmarken.

Weitere Bände in der Reihe http://www.springer.com/series/13088

Quirin Graf Adelmann · Michael Rassinger

Bewertung, Kauf und Optimierung von Unternehmen

Ein Ratgeber aus der Praxis für Investoren und Unternehmer

Quirin Graf Adelmann
Rumford Partners GmbH
Berlin, Deutschland

Michael Rassinger
Die Wortmacher GmbH
Berlin, Deutschland

ISSN 2197-6708   ISSN 2197-6716   (electronic)
essentials
ISBN 978-3-658-28977-5   ISBN 978-3-658-28978-2   (eBook)
https://doi.org/10.1007/978-3-658-28978-2

Die Deutsche Nationalbibliothek verzeichnet diese Publikation in der Deutschen Nationalbibliografie; detaillierte bibliografische Daten sind im Internet über http://dnb.d-nb.de abrufbar.

Springer Gabler ist ein Imprint der eingetragenen Gesellschaft Springer Fachmedien Wiesbaden GmbH und ist ein Teil von Springer Nature.
Die Anschrift der Gesellschaft ist: Abraham-Lincoln-Str. 46, 65189 Wiesbaden, Germany

Was Sie in diesem *essential* finden können

- Inspiration und Anleitung für das Unternehmertum
- Die übersichtliche Ermittlung des Unternehmenswerts aus verschiedenen Perspektiven
- Der Kaufprozess in Relation zu möglichen Zielen
- Die Optimierung unter internen und externen Gesichtspunkten
- Zahlreiche Praxisbeispiele und Tipps zur Veranschaulichung

Vorwort

Die meisten Menschen denken, dass sie wissen, welchen „Wert" eine Sache, menschliche Arbeitskraft oder ihre Zeit hat. In Wahrheit ist es genau das, was dem Ganzen das tatsächliche Potenzial nimmt: wenn man nämlich aufgrund des vermeintlichen Wissens zu wenig annimmt oder zu klein denkt. Im umgekehrten Fall setzt man Werte an, die nur in der eigenen Fiktion Bestand haben und verliert dann Zeit und Geld. In diesem Buch geben wir eine Hilfestellung, wie man das eigene Denken anregen und den zu engen Blickwinkel auf eine angemessene Bewertung vermeiden kann. Weiterhin bekommt man anhand vieler Beispiele praxiserprobte Vorgehensweisen für den Erwerb und die Optimierung von Unternehmen.

Dieses Buch dient als Inspiration und gleichzeitig als Kurzanleitung zum Einstieg ins Unternehmertum, ist aber auch zur Betrachtung der Frage geeignet, für welche Anstrengungen und Verantwortung Unternehmer und Unternehmen aufkommen und einstehen. Bücher zu Unternehmensbewertungen für Wissenschaftler und Studenten gibt in großer Zahl und hoher Qualität. Unser *essential* ist ein Gegenmodell zur Vereinfachung und Verständlichkeit der wissenschaftlichen Ansätze in der Realität bzw. Praxis.

Quirin Graf Adelmann
Michael Rassinger

Inhaltsverzeichnis

Bewertungsgrundlagen 1

1.1 Erträge und Ertragswertberechnung

Grundsätzlich bemessen wir in Geld. Geld ist das Maßmittel für Werte und Tausch. Dazu kommt, dass das Geld „arbeiten" soll, wie man so schön sagt, also seine Relation zur Wertentwicklung wie auch Inflation laufend verbessern muss.

Stellen Sie sich also vor, dass Sie eine Million Euro Barvermögen haben. Was machen Sie? Ganz simpel, aber politisch problematisch, könnte man das Geld bei einer Bank parken – besser bei mehreren Banken –, damit das Geld (scheinbar) sicher aufbewahrt ist. Die Bank schüttet dann jährlich Zinsen aus. Früher – im Jahrzehnt nach der letzten Jahrtausendwende – waren das auch mehr als 3 %. Heute muss man dagegen sogenannte Strafzinsen entrichten (Bucher und Neyer 2016). Nicht selten beträgt der Strafzinssatz bei einem Vermögen von einer Million Euro 0,4 % plus Inflation, was eine schleichende Entwertung des Barvermögens bedeutet (Pfannmöller 2018; Otte 2019). Auch die Geldanlage in langfristige Anleihen des Bundes werden mit negativen Erträgen versehen. Banken zahlen für Reserven Geld, denn Sicherheit kostet ebenso Geld wie Vermögen bei Banken.

Von den Zinserträgen aus einer Million Euro bei 3 % Zinsen zieht man die Kapitalertragssteuer ab und erhält 30.000 EUR minus 25 % sowie Solidaritätszuschlag, mithin 21.900 EUR, also 1825 EUR monatlich. Dies dient – in der Vorstellung vieler Menschen ist man doch Millionär – zum Bestreiten des Lebensunterhalts, wenn man das will oder wenn es ausreicht. Bei den heutigen

Q. Graf Adelmann und M. Rassinger, *Bewertung, Kauf und Optimierung von Unternehmen*, essentials, https://doi.org/10.1007/978-3-658-28978-2_1

Zinsen[1] bekommt man weniger als ein Drittel hiervon, weshalb selbst Erspartes in Höhe von einer Million Euro nicht mehr zum Bestreiten des Lebensunterhaltes ausreichen würde, auch wenn man sparsam und bescheiden lebt. Man müsste das Vermögen also anzapfen, um auf einem entsprechenden Standard leben zu können.

Genau hier setzen wir an. Eine Unternehmung zu erwerben, ist – wie auch der Aktien- oder Rohstofferwerb – eine Alternative, Vermögen einzusetzen, um es zu mehren oder jedenfalls davon leben zu können. Nicht, dass ein Unternehmer so denken müsste, aber es ist immer der erste logische und realistische Bewertungsansatz von Unternehmen, um das Prinzip zu verstehen und ggf. tiefer einzusteigen oder gleich abzulehnen und eine Nullbewertung vorzunehmen (Abschn. 1.3). Unternehmer werden nicht geboren, sodass der Kauf einer Unternehmung nicht als Geldanlage zu sehen ist, aber immerhin als Wertalternative errechnet werden kann.[2]

Klassisch bewertet man Unternehmen immer mit der sogenannten Ertragswertberechnung, wie es zum Beispiel das Finanzamt im sogenannten „Stuttgarter Verfahren" bis zu seiner verfassungsrechtlichen Aufhebung 2009 durchführte: Man nimmt im Kern die Gewinne der letzten drei Bilanzjahre im Durchschnitt und multipliziert diese mit einem Faktor x, um auf einen Unternehmenswert zu gelangen (Ballwieser und Hachmeister 2016; Henselmann und Kniest 2015). Das Finanzamt überprüfte so die Steuerlast und auch, ob ein Unternehmen ggf. unter Wert veräußert wurde und Käufer bzw. Verkäufer einer Schenkungssteuer unterliegen.

Nehmen wir als buchübergreifendes Beispiel ein **Handwerksunternehmen aus dem Mittelstand.** Das Unternehmen ist eine Tischlerei und stellt Möbel in fremden Räumen her. Der Jahresumsatz beträgt zwei Millionen Euro, der geschäftsführende Gesellschafter zahlt sich ein Bruttogehalt von 8000 EUR pro Monat und fährt einen Oberklasse-SUV als Geschäftswagen. Der Jahresgewinn nach Steuern beträgt durchschnittlich 40.000 EUR.

In Tab. 1.1 sehen Sie, welche Geschäftsführergehälter in der Umsatzklasse unserer Tischlerei die Oberfinanzdirektion Karlsruhe für angemessen hält.

In diesem Beispiel, das auf Unternehmen aller Branchen grundsätzlich anwendbar ist, könnte man die Bewertung ganz simpel anhand des Jahresüberschusses

---

[1]Stand: Oktober 2019.

[2]Die Erfahrungen der Autoren dieses Buchs beziehen sich auf mehr als 20 Jahre unternehmerische Praxis, mehr als 250 Unternehmensbewertungen, Unternehmensaufbauprojekte, Unternehmensverkäufe sowie rund 40 Unternehmen im eigenen Portfolio.

Tab. 1.1 Angemessenheit der Geschäftsführergehälter ab 2017

Branchengruppe	Umsatz < 2,5 Mio. EUR Mitarbeiter < 20
Industrie/Produktion	170.000–220.000 EUR
Großhandel	194.000–239.900 EUR
Einzelhandel	148.000–183.000 EUR
Freiberufler	192.000–275.000 EUR
Sonstige Dienstleistungen	164.000–220.000 EUR
Handwerk	123.000–175.000 EUR

Quelle: Schmid 2018

vornehmen. Das Geschäft eines Tischlers ist zukünftig sicherlich keinen gesetzlichen Verboten ausgesetzt und es gibt keine einzelnen Kunden, die den gesamten Umsatz ausmachen. Das Unternehmen könnte sich jederzeit auch breiter aufstellen. Damit dürfte der Wert des Unternehmens nach Ertrag beim drei- bis achtfachen des Überschusses liegen, also zwischen 120.000 EUR und 320.000 EUR. Dazu kommen die Unternehmerlöhne, die sich über ein gewisses Maß hinaus dem Gewinn zurechnen lassen könnten, wenn diese zu hoch sind. Beim Beispiel mit einer Million Erspartem haben wir uns mit 1825 EUR netto pro Monat für Nichtstun zufriedengegeben. Wenn man seine Zeit nun einsetzen würde, um das Geschäft zu verwalten, könnte es das Doppelte sein. In der Tischlerei müsste also jemand beschäftigt werden, der die Führung übernimmt. Nehmen wir an, dass ein Tischlermeister das Doppelte eines Tischlergesellen erhält, dann braucht man 4500 EUR Monatsbrutto (vgl. IG Metall 2019) für die aktuelle Unternehmerposition plus der eigenen Repräsentanz. Im Ergebnis können wir also die 8000 EUR Unternehmerlohn nicht dem Ertrag hinzurechnen, sodass der Ertragswert der Tischlerei bei zwei Mio. EUR Umsatz und 40.000 EUR Überschuss tatsächlich bei etwa einem Mittelwert von 200.000 EUR bleibt. Es kommen aber noch zahlreiche andere Faktoren zur Bewertung hinzu.

1.2 Assets und stille Reserven

Jedes Bestandsunternehmen hat sogenannte Assets, die es zu bewerten gilt, also Vermögensgegenstände. Diese materiellen und immateriellen Vermögensgegenstände haben einen ganz individuellen Wert für die Unternehmen, aber möglicherweise einen geringeren Wert, wenn man sie herausnimmt und frei verkauft. Man könnte also zusätzlich zu dem ermittelten Ertragswert annehmen, dass die

Tischlerei morgen insolvent ist. Dann müsste man die Maschinen und Gegenstände – so sie denn frei von Rechten Dritter sind (beispielsweise durch Leasing) – frei verkaufen. Den geschätzten Verkaufserlös rechnet man dem Wert hinzu. Nehmen wir also Maschinen im Wert von 250.000 EUR an, die zwischen zwei und 15 Jahren alt sind, könnte man hier 20 % des Neuwerts je nach Abschreibung ansetzen. Hier würden wir noch einmal einen Wertaufschlag von 50.000 EUR annehmen. Weit schwieriger zu bewerten sind die stillen Reserven. Im deutschen Bilanzierungsrecht muss man nicht aufdecken und versteuern, was sonst einen Wert haben könnte. So sind die Stammkunden mit bestimmten und regelmäßigen Umsatzgrößen natürlich auch mit einem gewissen Wert versehen, oder aber etwaige Markenrechte oder sonstige Werte, die bisher nicht berücksichtigt wurden. In unserem Beispiel haben wir nun also einen Wert von 250.000 EUR für Ertrag und Vermögen angenommen.

Spannend sind allerdings die Potenziale, welche ein Unternehmen haben kann, die man aber zunächst erkennen muss. Beim Beispiel des Tischlerunternehmens sind es die Stundensätze, die bisher berechnet wurden. Gibt es hier Hebepotenziale im Vergleich zum Wettbewerb, eine Alleinstellung oder eine Marktentwicklung? Wenn der Tischler bisher 38 EUR/Stunde berechnet hat und der Markt 50 EUR/Stunde erlaubt, dann steigen die Einnahmen – ohne dass die Kosten gleichermaßen steigen – um gut 25 %. Der Umsatz könnte folglich um 250.000 EUR steigen und damit auch der Ertrag.

Diese Bewertung kann man für jedes Unternehmen annehmen. Selbst bei reinen Asset-Unternehmen wie beispielsweise einer Immobiliengesellschaft gelten dieselben Prinzipien. Welchen Ertrag erwirtschaftet die Gesellschaft netto und wo sind die Hebepotenziale? Nun sind aber einige Faktoren auch wertmindernd zu berücksichtigen.

Rein objektiv betrachtet steht natürlich die Frage im Raum, wieviel es kostet, ein Unternehmen zu gründen und aufzubauen oder ob es nicht günstiger ist, ein solches komplett zu kaufen. So kann es günstig sein, für 80.000 EUR einen fertigen Online-Shop zu erwerben. Dessen Ertrag ist vorerst nicht von Interesse, wenn nämlich seine Einrichtung teurer ist als der Kaufpreis.

1.3 Vertragslaufzeiten und Personenabhängigkeit

Der Tischler hat seine Betriebsstätte gemietet. Hier wird ausschlaggebend sein, ob er vom Ort und damit seiner Umgebungskundschaft abhängig ist. Ist er es, sollte der Mietvertrag möglichst langfristig geschlossen sein. Wenn der Mietvertrag ausläuft, müsste genau untersucht werden, wie hoch die aktuelle sowie die Umgebungsmiete ist und ob die genutzte Fläche ausreicht oder Potenzial zu Vergrößerung (Wachstum) oder Reduzierung (Optimierung) hat. Diese Faktoren beeinflussen den Wert erheblich. Beim Restaurant wird das besonders deutlich, weil der Standort in der Regel der ausschlaggebende Faktor ist. Man muss den später gezahlten Kaufpreis während der Vertragslaufzeit in Unabhängigkeit Dritter – also wertfrei – zurückerhalten haben. Bei Pflegediensten als weiteres Beispiel hängt der Standort auch davon ab, ob die Mitarbeiter anreisen können oder wollen. Wird ein Umfeld zu teuer und wollen Mitarbeiter nicht weit anreisen, dann verliert man diese oder muss ein höheres Gehalt zahlen, was wiederum zum Wettbewerb passen muss. Pflegt beispielsweise ein ambulanter Dienst in Berlin-Charlottenburg, Berlin-Köpenick oder in Chemnitz ältere Menschen in deren Wohnung oder in sogenannten Wohngruppen, so wird der/ die MitarbeiterIn deutlich einfacher in Köpenick und Chemnitz zu beschäftigen sein. Die Wohnmöglichkeiten und damit der Komfort für die MitarbeiterInnen sind in Berlin-Köpenick und Chemnitz erheblich günstiger. Bekommt man in Berlin-Charlottenburg und direkter Umgebung keine Wohnung für die MitarbeiterInnen, dann werden diese in Berufszweigen ausbleiben, die alternative Beschäftigungsmöglichkeiten erlauben oder man muss die Löhne den Mietkosten anpassen, was in den teureren Bezirken gern einmal um ein Drittel höhere Lohnkosten ausmacht.

Abb. 1.1 zeigt den Wettbewerbsnachteil, der einem Pflegedienst entstehen kann, wenn er in einem teuren Bezirk beheimatet ist. Pflegekräfte werden aufgrund der hohen Wohnungskosten oft einen Arbeitgeber in einem günstigen Bezirk bevorzugen.

| Ø-Bruttogehalt einer Pflegekraft in Berlin | 2.500,00 € |
| Nettogehalt (Steuerklasse 1, o. Konfession) | 1.688,00 € |

Wohnungskosten einer 72m²-Wohnung je Bezirk	
Bsp. Charlottenburg – 15 €/m² **1.080,00 €**	Bsp. Köpenick – 7 €/m² → **504,00 €**
608,00 €	**1.184,00 €**
Wettbewerbsnachteil in Charlottenburg: 576,00 €	

Abb. 1.1 Anfangs-Bruttogehalt einer Pflegekraft in Berlin. (Quirin Graf Adelmann)

Tab. 1.2 Abhängigkeiten bei der Unternehmensbewertung

Kundschaft	Lokal, regional, national, international?
Miet-/Pachtvertrag	Laufzeit, Mietzins, Flexibilität der Flächen?
Standort	Gute bzw. geeignete Lage (bezogen auf Branche und Mitarbeiter-anreise)?
Personen	Persönliche Beziehungen der Inhaber und Mitarbeiter als wesentlicher Erfolgsfaktor?

Quelle: Quirin Graf Adelmann, eigene Projekte

Das Unternehmen darf auch nicht von nur einer Person abhängig sein. Welcher Nutzen steht beispielsweise hinter dem Kauf eines Makler- oder Beraterunternehmens mit hohen Umsätzen und Erträgen, wenn die Leistung von den Personen abhängig ist, die das Unternehmen verkaufen? Dann dürfte sich der Wert des Unternehmens in Richtung Null bewegen, wenn man keine anderen Perspektiven und Nutzen als das Kernunternehmertum sieht.

Tab. 1.2 zeigt mögliche Abhängigkeiten, die bei der Unternehmensbewertung eine Rolle spielen.

Praxisbeispiele aus verschiedenen Industriezweigen

Pflegedienst

Einer näheren Betrachtung ist auch der Industriezweig eines Unternehmens wert. In vielen Bereichen sind die Gründer der Unternehmungen Fachleute ihrer jeweiligen Berufs- und Bildungsgruppe. Hat man eine andere Ausbildung, ergeben sich hier besondere Impulsmöglichkeiten. Bei der Begleitung der Übernahme einer großen Pflegedienstunternehmung zeigte sich folgendes Bild: Der Pflegedienst wurde bisher recht erfolgreich von einer ausgebildeten Pflegekraft aufgebaut. Bei der Kalkulation ist hier nichts zu machen, da die Einkommen der Pflegedienste vollkommen reguliert und die Möglichkeiten begrenzt sind. Die Verbesserung der Verwaltungsabläufe, die Routenoptimierung, die Erweiterung der Wohngruppen bis hin zur eigenen Ausbildungsschule für Pflegekräfte nebst Bindung der Mitarbeiter durch Ermöglichung der Fahrerlaubnisgewinnung haben aber auch hier recht simpel Potenziale von gut 25 % ermöglicht. Also: die Berufseingruppierung aufbrechen!

Architekturbüro

Im zweiten Beispiel geht um die Bewertung eines Architekturbüros mit 50 Mitarbeitern, das drei Millionen Euro wert sein sollte. Vier junge Architekten sollten die Nachfolge der beiden Gründer übernehmen. Hauptauftraggeber ist die öffentliche Hand. Zuletzt erzielte man nach Behauptung des Steuerberaters einen Überschuss in Höhe von 500.000 EUR p. a.

Nun liegen die Fixkosten eines solchen Betriebes bei gut 400.000 EUR monatlich. Selbst wenn das Büro den behaupteten Überschuss erzielen würde, dürfte man beispielsweise bei einer Krise lediglich zwei Monate ohne Einnahmen sein, um nicht Kapital nachschießen zu müssen oder eine Kaufpreisfinanzierung nicht mehr tragen zu können. Die öffentliche Hand als Auftraggeber im Rahmen von Ausschreibungen erscheint auch nicht zuverlässig, da die Vergabe starkem Wettbewerb ausgesetzt ist, wenn sich die wirtschaftliche Nachfrage allgemein abschwächt. Es stellte sich in diesem Beispiel heraus, dass der behauptete Überschuss einmalig war und außerdem die Gehälter der Gründer nicht berücksichtigt wurden. Zu guter Letzt obliegt ein Auftrag der öffentlichen Hand immer einer vorherigen Ausschreibung, die sich zudem nach Vergaberecht richtet, das immer wieder angepasst wird und somit eine hohe Unsicherheit birgt. Wenn also vier Architekten des Büros nach einigen Jahren Zugehörigkeit und mit Kontakt- und Verfahrenskenntnissen eine Entscheidung treffen sollten, dann schlichtweg die, sich selbstständig zu machen. Ein Architekturbüro in Deutschland dürfte ebenso wenig einen Wert für Übernehmer haben wie viele andere personenabhängige Unternehmen, wenn Einnahmen nicht vorausschauend auf längere Zeit gesichert sind. Einzig die sonst anfallenden Personalbeschaffungskosten könnten hierbei einen gewissen Wert darstellen.

1.4 Wettbewerb

Im Rahmen der Bewertung sollte natürlich geprüft werden, welchem Wettbewerb die Unternehmung ausgesetzt ist. Mancherorts mag ein Wettbewerb gut sein, wenn man beispielsweise in einer Antiquitätenstraße oder auf einer Museumsinsel entsprechende Unternehmungen erwirbt: dieser Ort ist dann quasi automatisch ein Anziehungspunkt für viele Kunden. Aber ist es gut, eine Waschstraße direkt neben dem größten Betreiber einer Waschstraßenkette zu erwerben? Was macht den Unterschied des eigenen Geschäfts aus? Wie ist die Entwicklung der Kundenfrequenz? Ist das Risiko eines Preiskampfs vorhanden, wenn das gleiche Produkt angeboten wird? Es gibt auch Geschäftsmodelle, die von der Geschwindigkeit abhängen, darunter z. B. Start-ups, die sich mit dem Aufbau von Datenbanken beschäftigen. Der Wettbewerb kann also Vor- und Nachteil sein und damit erheblichen Einfluss auf den Wert einer Unternehmung haben. Wettbewerb ist folglich nicht unbedingt wertmindernd, aber zumindest wert- und risikobeeinflussender Faktor. Betreibt man ein Geschäft für Antiquitäten in einer Wettbewerbsstraße, werden sicher Kunden kommen. Betreibt man dasselbe Geschäft drei Kilometer von einer Antiquitätenstraße entfernt, wird man große Anstrengungen unternehmen müssen, damit die Kunden jene drei Kilometer zusätzlich auf sich nehmen, um das Geschäft zu besuchen.

Insofern bedarf es einer ordentlichen Wettbewerbsanalyse. Wenn es beispielsweise um Start-ups geht, die es zu bewerten gilt, nennen wir ein Beispiel aus der eigenen Praxis.

Praxisbeispiel: Wettbewerb im Bereich Mobilität

Ein Unternehmen im Bereich Elektromobilität war zu bewerten bzw. zu finanzieren. Das Unternehmen entwickelt vierrädrige Elektrofahrzeuge, die vom Prinzip transportfähige, überdachte Fahrräder sind. Bereits seit vier Jahren auf dem Markt, hatte das Start-up sehr viel Liebe in das Thema „Mobilität in der Stadt" gesteckt und Vorteile für Handwerker und Essenslieferanten herausgearbeitet. Das Fahrzeug sollte bis zu 14.000 EUR kosten und mehr als 600 L Fassungsvermögen mit einer Transportbox bieten. Die jungen Entwickler wollten die Welt verbessern und Transporte umweltschonender machen. Solche Konzepte gab es ein paar wenige, eines davon hatte damals auch Insolvenz angemeldet. Die Unternehmer suchten Abnehmer in ganz Deutschland, fanden aber gerade mal drei Kunden, die noch dazu in drei unterschiedlichen Bundesländern ansässig waren. Diese konnten außerdem als Tester gewonnen werden.

Der **erste Fehler** wurde beseitigt, indem die Jungunternehmer keine Handwerker oder Restaurants mehr als Erstkunden gewinnen wollten. Handwerker kaufen sich Kleinwagen, die deutlich günstiger sind, und Restaurants liefern mit Rollern in Städten aus, weil diese preislich bei etwa einem Zehntel des Elektrofahrrads liegen. Der Irrtum der Unternehmer war, dass sie den Kunden in ihrem Weltbild vorher definiert hatten, anstatt diesen Kundenkreis zunächst einmal direkt zu befragen. Ein häufiger Fehler junger Gründer ist es, sich nicht zu fragen, was der potenzielle Kunde denkt; sich also nicht mit den potenziellen Kunden konkret über Produkt und Anforderung zu unterhalten, sondern erst nach den eigenen Vorstellungen zu entwickeln und damit sehr viel Zeit und Geld zu verlieren. Jungunternehmer müssen sich von Anfang an fragen: „Wer ist mein Kunde?" Immerhin zahlt dieser am Ende die Rechnung. Dem Restaurant geht es in der Regel weder um Umweltschutz noch um die Gesundheit oder den Komfort der Mitarbeiter, sondern um Wirtschaftlichkeit und vielleicht noch um sein Erscheinungsbild (Marketing), da das Lieferpersonal ohnehin nur saisonal oder in hoher Fluktuation dort arbeitet, wodurch auch der Fahrzeugverschleiß überdurchschnittlich hoch ist.

Der **zweite Fehler** bestand darin, sich Kunden aus unterschiedlichen Bundesländern zu suchen. Wenn der Service von Berlin aus in Nordrhein-Westfalen, Baden-Württemberg und Brandenburg geleistet werden muss, ist das umständlich und teuer. Weiterhin ist es problematisch, aus dem Interesse einzelner Handwerker auf einen Gesamtbedarf zu schließen. Inzwischen hat das Unternehmen zwei Erstkundenkreise identifiziert, auf die es sich zu konzentrieren gilt. Zum einen die klassischen Briefträger der Post, zum anderen Werksbetreiber mit großen Anlagen, die einen hohen Bedarf an Mobilität innerhalb ihrer Werksgelände haben. Zwei Rahmenverträge konnten so geschlossen werden, die in der Vorstufe zu gut 500 Testfahrzeugen führten. Das beste Produkt nutzt also nichts, wenn es niemand kauft und schon keiner kennt.

In der Frage des Wettbewerbs geht es aber nicht allein um das Produkt und die richtige Identifikation des Kunden, sondern auch um die Produktionsmöglichkeit. In dem vorstehend beschriebenen Fall muss die kleine Gesellschaft mit bisher investierten drei Millionen Euro nicht nur die Entwicklung betreiben, sondern auch um die Fähigkeit erweitert werden, hohe Stückzahlen in Serie zu produzieren. Die Aufgabe wird also sein, wettbewerbsfähig zu werden. Der größte Wettbewerber war und ist ein Automobilzulieferer und Industriekonzern, der ähnliche Fahrzeuge entwickelt. Man muss also die Produktionskapazität deutlich erhöhen, wenn man diesem Mitbewerber gegenüber – auch bei einem ästhetischeren Produkt – wettbewerbsfähig sein wollte. Dieser Schritt ist auch nötig, um die Stückzahlen für eine Deutsche Post erreichen zu können und damit Vertragsversprechen zu erfüllen. Insofern braucht es bei Herstellungskosten von rund 8000 EUR und zusätzlichem Personal nicht nur eine Ist-Bewertung nach heutigen Erträgen oder die Profit-Berechnung nach potenziellen Verträgen, sondern auch erhebliche Investitionen in den Standort und deutlich mehr Personal, um überhaupt wettbewerbsfähig zu werden. Der Käufer muss also Kapital mitbringen, denn die Grenze liegt bei weitem nicht beim Kaufpreis selbst. Wettbewerbsanalyse bedeutet folglich eine Gesamtanalyse von Produkt, Kunden und Zukunft und nicht allein dem Bestand und der Umgebung.

Weitere Beispiele aus dem Unternehmensumfeld der Autoren erhellen das Bild rund um die Bewertung des Wettbewerbs.

Weitere Praxisbeispiele zum Wettbewerb

Beispiel 1: Big Data

Wenn man ein Start-up mit einem vielversprechenden Produkt im Bereich „Big Data" erwirbt, benötigt dieses als wichtigen Wettbewerbsfaktor die Fähigkeit, große Daten aufzubereiten und zu sammeln. Die Wettbewerbsfähigkeit bemisst sich also daran, wie schnell und gut die Daten gesammelt werden, um eine Marktbedeutung zu erreichen, die stark genug ist, um sich dem Wettbewerb gegenüber anzuschließen. Mit einer neuen Idee und einem neuen Produkt bedarf es möglichst schnell breiter und vieler gesammelter Daten und Kunden in einfacher Architektur, um den Vorsprung der Idee gegenüber dem Wettbewerb umzusetzen. In zwei Unternehmen aus der FinTech- und GovTech-Szene ging es darum, möglichst schnell viele Datenintegrations- und Auswertungszugänge zu erhalten und sich zu etablieren. Dies gelingt vor allem damit, dass man den Zugang für Kunden zur Auswertung von Informationen mit einem kleinen Preis versieht. Bertelsmann oder das Landesamt für Statistik werten Daten in Berichten auf Basis von Daten aus, die zum Teil Jahre zurückliegen. Der Preis jener Auswertungen liegt im sechsstelligen Bereich und ist damit außerdem grundsätzlich ausschreibungspflichtig. Den Zugang zu den Daten erhält man also durch eine niedrige Preisschwelle. Dadurch gelingt es außerdem, viele Daten vieler Haushalte zu sammeln und auszuwerten. Der Platz für weitere Start-ups mit derselben Idee schwindet dann folglich automatisch.

Das gilt sinngemäß auch für andere Start-ups. Die Wachstumsgeschwindigkeit kann also entscheidend sein, um überhaupt einen Wert ermitteln zu können. Wenn die Idee zu langsam beim Abnehmer ankommt und ein anderer Anbieter folglich schneller ist, können die ersten 2 bis 4 Jahre der Investitionen in ein solches Unternehmen schnell vollständig vernichtet sein. Man bedenke bei Start-ups, dass ein Backend oder Frontend-Entwickler zwischen 65.000 und 110.000 EUR Jahresgehalt kostet und ein Team in einem solchen Unternehmen schnell 5 bis 10 Mitarbeiter benötigt. Diese Kosten summieren sich zusätzlich zu den Abteilungen Produktentwicklung, Vertrieb etc. Hier beträgt die sogenannte *burn-rate*, also die notwendigen Vorlaufkosten zur Entwicklung der Gesellschaft, 150.000 EUR – pro Monat. Wenn ein Investor nicht mutig genug und damit strukturiert bereit ist, sich einem potenziellen Wettbewerb zu stellen, sind halbherzige Investitionen vergebens und nach kurzer Zeit vollständig verbrannt.

Beispiel 2: Bestattungen

Kauft man ein Bestattungsinstitut, bekommt man keine Zuteilungsverträge von Krankenhäusern und will sich sicherlich nicht preislich in den Wettstreit begeben. Hier kann entscheidend sein, ob der Vertriebsmitarbeiter gebunden werden kann, der die besonderen Kontakte in einem Krankenhaus hat, oder aber die Lage des Instituts, sozusagen direkt am Eingang des Krankenhauses, entscheidet. Neben der passenden Außengestaltung kann das im hart umkämpften Markt das ausschlaggebende Kriterium sein, ob man auch nach einem Erwerb erfolgreich sein wird.

Beispiel 3: Autowäsche

Bei der bereits erwähnten Waschstraße, die direkt neben einer anderen liegt, kommt es zum einen auf die Mikrolage an, die entscheidet, ob ein Fahrzeugnutzer im Moment des Vorbeifahrens noch anhalten will, zum anderen, ob die Frequenz der Fahrzeuge in diesem Straßenabschnitt hoch genug ist. Es kann sein, dass nur 30 m weiter das Geschäft trotz bester Qualitätswäschen nicht mehr angefahren wird. Auch kann man durch Kundenbindungsprogramme – wie in unserem Fall Flatrates für Fahrzeugwäschen – dafür sorgen, dass die Kundschaft Fahrzeuge nur in der einen, nicht aber in der anderen Anlage wäscht. Es geht also nicht zuallererst um den richtigen Preis oder die passende Ansprache. Eine solide Wettbewerbsanalyse erfordert Detailwissen, um Unterschiede, aber auch verdeckte Potenziale identifizieren zu können und sicherzustellen, dass diese für den Bewertungszeitraum von 7–12 Jahren fortbestehen können.

Man versetze sich vom heutigen Zeitpunkt an zehn Jahre zurück. Konnte man vor zehn Jahren die heutige Situation vorhersagen? Wieviel Unerwartetes ist zwischenzeitlich passiert? Der Ausblick auf einen Zeitraum von zehn Jahren ist deshalb eine Herausforderung.

1.5 Finanzierung

Kontrovers diskutiert ist immer die Frage der Drittabhängigkeit zu Banken oder anderen Geldgebern: Wie soll man den Ankauf eines Unternehmens finanzieren? Die Finanzierung eines Ankaufs ist ebenfalls ein wichtiger Teil der Unternehmensbewertung. Ist ein Geschäft nicht fremdfinanzierbar, wird der Käuferkreis sehr viel enger und damit der Preis meist niedriger.

Natürlich behandeln Banken den Ankauf eines Unternehmens anders als den einer Immobilie. Bei Immobilien, die nicht selbst genutzt oder als Projekt verkauft werden (das Eigenkapital ist teilweise auf die Nebenkosten begrenzt), betrachtet die Bank immer den Nettomietertrag nebst dem Potenzial bei z. B. einem Leerstand. Hat man einen Ertrag von 40.000 EUR und zahlt 2 % Zinsen und 3 % Tilgung, so braucht man bei einem Kaufpreis von 250.000 EUR jährlich 12.500 EUR.

Das Investment ist dann kapitaldienstfähig. Hier dürfte eine Bank den Kaufpreis vollständig finanzieren, weil der Ertrag die Zinsen und Tilgungsraten deckt. Es gilt aber zu beachten, dass Tilgungen aus dem Ertrag nach Steuern zu leisten sind!

Beim Ankauf eines Unternehmens ist eine Bewertung gleichwohl erheblich komplexer. Der Käufer und Kreditnehmer muss einen *Track Record* nachweisen, also den Beweis erbringen, dass er das Geschäft beherrscht und über entsprechende Erfahrung oder Ausbildung verfügt. Das Unternehmen muss auch für die Bank interessant genug sein und einen positiven Ausblick auf die Entwicklung geben. Die Zinsen sind meist höher, da das Risiko höher und die Sicherungsmöglichkeiten der Bank geringer sind. Die Bankmitarbeiter haben einen Prüfungsaufwand, der immer gleich hoch ist – unabhängig davon, ob man ein Tischlerunternehmen für 250.000 EUR erwirbt oder ein Bauunternehmen für acht Millionen Euro. Was man ebenfalls wissen muss ist, dass Banken und deren Mitarbeiter auch in Abhängigkeit der Größe der Kreditanfragen andere sind. Mit einer kleinen Kreditanfrage bis 500.000 EUR oder 2,5 Mio. EUR liegt die Kreditkompetenz noch bei dem bekannten Sachbearbeiter. Bei höheren Beträgen entscheiden Mitarbeiter der Zentrale. Wenn das Kreditvolumen zu klein ist, vergeben Banken ungern einen Kredit, weil der Ertrag für den einzelnen Bankmitarbeiter zu gering ist, d. h. die Bearbeitungszeit im Vergleich zu höheren Volumina gleich, aber die möglichen Erträge deutlich geringer sind. Bei Größenordnungen von fünf bis zehn Millionen Euro sind viele regionale (Haus-)Banken nicht mehr gewillt zu finanzieren und viele überregionale Banken prüfen erst ab zehn Millionen Euro ein Engagement. Auch wird die Struktur des Käufers mitentscheiden: Kauft man als Privatmann, muss man seine gesamte private Vermögensaufstellung offenlegen und die Prüfung dauert zuweilen länger. Kauft man mit einer Gesellschaft, endet die Prüfung meist auf der Gesellschafterebene. Also ist die Bewertung eines Unternehmens immer auch eine Betrachtung der Finanzierung: Will man seine Eigenmittel einsetzen und wenn ja, in welcher Höhe? Es gibt Investitionen, die keines eigenen Geldes bedürfen, was wiederum den Wert des Unternehmens aus eigener Perspektive erhöhen kann, und andere, die 100 % Eigenmitteleinsatz verlangen und damit das eigene Risiko erhöhen, was den Wert immer mindert. Flexibilität in der Handlung – also freie Mittel und damit Liquidität zu erhalten – ist essenziell, um Risiken und Chancen optimal händeln und bei Bedarf sofort reagieren zu können. Natürlich gibt es auch zahlreiche Branchenbanken, die in ihrer Spezialisierung (z. B. auf Umwelt oder Gesundheit) mehr Spielraum haben.

Tab. 1.3 zeigt verschiedene Finanzierungsvolumina bei Banken, die unterschiedlich bearbeitet und entschieden werden.

Tab. 1.3 Finanzierungen über Banken

Finanzierungsvolumen	Bearbeitungsgebühr	Bearbeitungszeit/ Auszahlungsreife	Art der Bank	Unterschriftsberechtigter der Bank
50.000 EUR	ca. 450 EUR	2–4 Wochen	Hausbank vor Ort	Sachbearbeiter
500.000 EUR	ca. 5000 EUR	2–4 Wochen	Hausbank	Sachbearbeiter + weitere bevollmächtigte Person
3.000.000 EUR	ca. 45.000 EUR	3–4 Wochen	Hausbank, überregionale Bank	Sachbearbeiter + Abteilungsleiter
6.000.000	ca. 60.000 EUR	3–4 Wochen	Überregionale Bank oder Konsortium	Zwei Abteilungsleiter und Kreditabteilung
12.000.000 EUR	ca. 150.000 EUR	3–4 Wochen	Überregionale Bank	Sachbearbeiter und Kreditabteilung

Quelle: Quirin Graf Adelmann, eigene Projekte

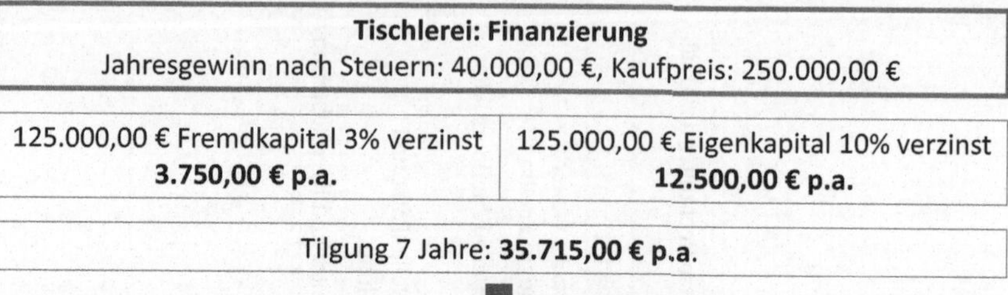

Abb. 1.2 Beispiel Finanzierung Tischlerei. (Quirin Graf Adelmann)

Man kann sich auch mit sogenanntem Mezzanine-Kapital ausstatten oder einen Eigenkapitalpartner hinzuholen. In diesen Fällen fallen je nach Markt und Risiko zwischen 5 % und 13 % Zinsen an. Deshalb setzt man bei der eigenen Kalkulation auch das eigene Geld als Kosten an. Im bereits genannten Tischler-Beispiel könnte die Hälfte des Kaufpreises mit Fremdmitteln beglichen und die andere Hälfte mit Eigenmitteln bezahlt werden. Dann kosten 125.000 EUR 3 % und die zweite Hälfte 10 % Zinsen. Also müssen 12.500 EUR für die Eigenmittel und 3750 EUR für Bankmittel aufgewendet werden. Damit sind 16.250 EUR des Ertrags reiner Kostenaufwand. Hinzu kommen weiterhin Tilgungsraten. Nehmen wir einmal an, dass der Kaufpreis in sieben Jahren zurückgeführt werden soll. Man benötigt dann jährlich knapp 36.000 EUR. Bei einem Ertrag von 40.000 EUR hat man also eine Unterdeckung von 12.000 EUR jährlich nach Steuern. Zwar gehört einem das Unternehmen, man erzielt aber keinen Ertrag, der den Lebensunterhalt deckt, sondern setzt auf den Wert in Zukunft bzw. auf das Steigerungspotenzial. Ein richtig oder falsch gibt es hierbei nicht. Man muss sich aber damit auseinandergesetzt haben. Die Tilgung leistet das Unternehmen aus dem Ertrag nach Steuern!

Abb. 1.2 zeigt die mit realen Zahlen gerechnete Finanzierung der Tischlerei, die mit einer Unterdeckung endet.

▶ **Unser Tipp** Es empfiehlt sich immer, zur Bewertung eines Unternehmens die betriebswirtschaftlichen Auswertungen (BWA) und Bilanzen mit den sogenannten Summen- und Saldenlisten des laufenden Jahres und der letzten drei Geschäftsjahre sowie deren Entwicklung genau und selbst anzusehen. Oft sind Kosten nicht aufgeführt, die üblicherweise im Geschäftsbetrieb überraschend auftreten und tatsächliche Erträge noch einmal schmälern. Besser ist es, dargelegte Überschüsse mit einem Risikoabschlag von mindestens 10 % zu versehen, da beispielsweise Debitorenforderungen ausfallen und nur gebucht sind oder Reparaturen erforderlich werden, die nicht erscheinen.

Es ist weiterhin sinnvoll, die OP-Listen (offene Posten-Listen) anzusehen und zu prüfen, ob Forderungen und Verbindlichkeiten länger als vier Wochen unbezahlt sind. Zahlungsschwierigkeiten deuten auf Liquiditätsprobleme hin oder auf erhöhte Risiken im Bereich von Rechtsstreitigkeiten.

Fördermittel für Start-ups

Start-up Unternehmen werden nicht fremdfinanziert – jedenfalls nicht ohne Sicherheiten. Solche kann man sich aber sparen, wenn eine Bank z. B. eine Million finanziert und man diese Million in einem Bankdepot verpfändet abtritt. Es gibt zahlreiche Förderprogramme der Investitions- und Bürgschaftsbanken, die hier einspringen. Hier ist allerdings eine Warnung angebracht: 50 % der Mittel müssen selbst aufgebracht werden, die Prüfungs- und Auszahlungsdauer dauert nicht selten länger als ein halbes Jahr, die Kontrolle der Mittelverwendung sowie die Programmbegleitung bedeuten erheblichen Aufwand und die Finanzierungsmittel sind letztendlich auch nicht günstig. Man sollte sich also nicht darauf verlassen. Start-ups sind insofern immer äußerst kapitalintensiv.

Praxisbeispiel Gastronomie

In einem weiteren Beispiel tritt eine Jung-Gastronomin auf, die erfahren möchte, ob sie für ihr Café und ihren Veranstaltungssalon 400.000 EUR bekommen kann. Sie erwirtschaftet rund 70.000 EUR Überschuss pro Jahr. In der Gastronomie ist es immer noch üblich, dass Umsätze nicht transparent und vollständig in betriebswirtschaftlichen Auswertungen zu finden sind – leider, denn das würde den Verkauf und die Finanzierung oder Erweiterung des Geschäfts deutlich erleichtern.[3]

---

[3]Im Portfolio eines der Autoren befand sich eine große Gastronomie mit fast 2000 qm Fläche, bei der alle Umsätze ordentlich eingebucht wurden. Das Modell war die Aufwertung und der Weiterverkauf. Die Käufer rechneten sich hier wohl Umsätze hinzu.

Die beiden Geschäfte in unserem Beispiel bestehen aus zwei 80 und 120 qm großen Ladenflächen im selben Haus, die von der Gastronomin als Einzelunternehmerin betrieben werden. Die erste Frage lautete: Wie bekommt man 400.000 EUR für das Ensemble? Zunächst wurde die Betreiberin gefragt, wer denn für ein solches Geschäft überhaupt als Käufer infrage käme. Zum einen erfordern unterschiedliche Konzepte immer unterschiedliche Fähigkeiten und damit einen Käufer, der beides – also Café und Veranstaltung – kann. Zum anderen bedarf es eines Käufers, der über viel Geld verfügt, weil eine Bank das Projekt höchstwahrscheinlich nicht finanziert (siehe auch den Beginn dieses Kapitels). Viele Kleinstunternehmen sind in der Lage, einen niedrigen sechsstelligen Betrag in ihrem familiären Umfeld sozusagen einzusammeln. Steigt der Preis, wird es nahezu unmöglich. Wird beides im Paket verkauft, bekommt man folglich höchstens 250.000 EUR, denn das ist der Wert, wenn die Mietverträge für mindestens weitere sieben bis zehn Jahre gesichert sind. Eine Einzelunternehmerin kann außerdem ihren Mietvertrag nicht verkaufen. Dazu braucht es die Zustimmung des Vertragspartners, also des Vermieters. Letztlich wurden die Einheiten in zwei unterschiedliche UGs gesetzt und die Anteile der UGs einzeln für weit mehr als jeweils 200.000 EUR verkauft. Die Käufergruppe war groß, denn viele Kleingastronomen aus unterschiedlichen Kulturkreisen wollten die bewährten Konzepte fortführen und hatten auch mit der Begrenzung auf 250.000 EUR das Eigenkapital für ein Investment. Der Verkauf der Gastronomie konnte also durch strukturelle Umgestaltung und Ermittlung der passenden Käufer nahezu den doppelten Ertrag erzielen. Ein absoluter Kaufpreis begrenzt oder erweitert die potenzielle Käuferschicht.

Tab. 1.4 zeigt zwei Möglichkeiten, wie sich eine Gastronomie durch Teilung gewinnbringend veräußern lässt.

Tab. 1.4 Gastronomie-Bewertung und Verkauf

	Flächen (qm)	Verkaufspreis (EUR)	Endsumme (EUR)
Möglichkeit 1: Ohne Teilung	80 + 120	250.000	250.000
Möglichkeit 2: Mit Teilung	80	200.000	
	120	250.000	450.000

Quelle: Quirin Graf Adelmann, eigene Projekte

1.6   Die besonderen Perspektiven

Ein kurzer Exkurs soll die besonderen Perspektiven bei einer Unternehmensbewertung einleiten. Die Coaching- und Beraterindustrie hat ein Produkt hervorgebracht, das viele Menschen anspricht: Selbstverwirklichung, Sinnhaftigkeit und das eigene Warum gehören heute zum Standardrepertoire von Gründern – so scheint es zumindest. Die Umsetzung einer Vision, die die Welt verbessert, und die gleichzeitige Selbsterfüllung tauchen immer wieder auf, wenn es um die Perspektive von Menschen geht, die zum Unternehmer werden. Geht es aber tatsächlich nur um die persönliche Traumerfüllung?

Natürlich verwirklichen Menschen gern Träume. Der Traum vom eigenen Unternehmen steht dabei im romantischen Licht der Freiheit: über die eigene Zeit verfügen, den Wert nicht in Geld zu bemessen, sondern in einer Art Erfüllung des Lebens zu denken. Dieser Traum wird im Laufe der Zeit jedoch spätestens dann irrelevant, wenn die Nachfolge ansteht oder schlichtweg die eigene Gesundheit eine Veränderung einfordert. Es gibt zahlreiche Seminare von Coaching-Gurus, bei denen behauptet wird, man müsse lediglich herausfinden, was man selbst kann und andere nicht. Außerdem müsse der Willen zum Reichtum vorhanden sein. Der einzige, der sich so seinen Traum erfüllt, ist der Guru als Seminarverkäufer. Weder Geld als intrinsische Motivation noch etwas, das man angeblich einzigartig beherrscht, führen zum Erfolg. Für die Bewertung eines Unternehmens sollte man deshalb unbedingt die **Fremdbetrachtung** vornehmen; sich also der Frage und Analyse stellen, welchen Wert das Unternehmen hat, wenn es heute zum Verkauf stünde.

Praxisbeispiel Lackierwerkstatt

In England stand eine Lackiererei mit Villa und Pferdegehöft zum Verkauf. Das 50.000 qm große Grundstück hatte sich ein Ehepaar vor gut 30 Jahren hochwertig hergerichtet und dort mit seiner Lackierwerkstatt gut 80.000 Pfund konstanten Überschuss erarbeitet. Verkauft werden sollte das Ensemble für 1,2 Millionen Pfund. Unter Kostenbetrachtung sicherlich ein gutes Investment, denn man bräuchte deutlich mehr Geld, um es von Null auf herzurichten. Das Grundstück mit Geschäft liegt 17 km von Hull entfernt, also sozusagen im landschaftlichen Nirgendwo. In jener verträumten Geschäfts- und Privathauskombination sollte die Bewertung vorgenommen werden. Die hier allein entscheidende Frage für den Investor ist: an wen kann ich verkaufen, wenn ich morgen keine Lust mehr habe oder eine Lackiererei nicht mehr funktioniert? Die Antwort: Es gibt dafür schlichtweg keine Käufer im Markt. Dann nutzen weder der Überschuss der Lackiererei durch den vorigen Betreiber noch die bisher tatsächlich investierten Mittel in die Immobilie. Wenn es niemanden gibt, der denselben Traum lebt, dann ist das Grundstück quasi wertlos und es bleibt nur das Haus auf dem Land. Besagter Lackierer, der einen neuen Lebensabschnitt mit 60 Jahren beginnen wollte, musste letztlich für 500.000 Pfund verkaufen. Die Nachfolgebetrachtung ist folglich elementar und ebenso die Überlegung, zum Zeitpunkt eines Verkaufs nicht zeitlich unter Druck zu stehen. Vergleichbar ist das mit dem Verkauf eines exotischen Fahrzeugs. Es gibt einfach weniger Käufer und deshalb braucht es mehr Zeit zum Verkauf zuzüglich des Risikos, dass der angesetzte Preis bzw. dessen geschätzte Wertentwicklung nicht linear oder gar nicht erreichbar ist.

Eine Betrachtung der eigenen Perspektive muss daher immer objektiv sein, wenn man als Unternehmer wirklich ernstnimmt, dass das Überleben der ursprünglichen Idee und der Mitarbeiter essenziell ist. Der Wert eines Unternehmens bemisst sich also nicht allein aus dem, was man im Traum sieht, sondern vor allem aus dem, was man in der Realität daraus machen kann. Der reale Wert liegt deshalb oft unter dem selbst empfundenen Wert.

Perspektiven großer Unternehmen
Im Jahr 2000 wurde in den Medien die Übernahme von D2 Mannesmann durch das britische Unternehmen Vodafone für umgerechnet 190 Mrd. EUR als „unverschämt" bezeichnet. Sollte das Unternehmen tatsächlich so viel wert sein? Mit 130.000 Mitarbeitern setzte D2 Mannesmann 23 Mrd. EUR um, erzielte einen Gewinn in Höhe von 4,3 Mrd. EUR und hatte einen Reingewinn von 1,5 Mrd EUR. Das Jahr 1999 war das erfolgreichste Geschäftsjahr der Mannesmann AG. Bedenkt man, dass Vodafone heute „nur" 41 Mrd. $ Umsatz erzielt, versteht man nach dem anfänglich genannten Tischler-Beispiel nicht, weshalb Vodafone seinerzeit umgerechnet das 126-fache des Gewinns für Mannesmann bezahlt hat.

Die Mannesmann AG wurde zerschlagen und die Verluste der Einkaufspreise von Vodafone konnten den Gewinnen in der Zukunft angerechnet werden, sodass Ertragssteuern von bis zu 50 Mrd. EUR aus dem rein operativen Geschäft nicht anfielen (FAZ 2004). Tatsächlich einigten sich Vodafone und die Finanzbehörden letztlich auf Abschreibungen in Höhe von 15 Mrd. EUR – immerhin (Manager Magazin 2009).

In einem anderen Beispiel hat die heutige Daimler AG den Wettbewerber Kässbohrer AG, der wie Daimler u. a. Busse herstellte, nach hartem Preiswettbewerb im Markt der kleineren Bushersteller wohl derart unter Druck gesetzt, dass die Übernahme 1995 gelang. Hier wurde praktisch in zwei Stufen gekauft: Zum einen setzte Daimler offenbar seinen Ertrag ein, um Kässbohrer im Wettbewerb ins Wanken zu bringen, zum anderen aber konnten nach dem Kauf der Marktanteil deutlich erhöht und die Preise und Margen entsprechend verbessert werden. Die Strategie zielt natürlich nicht allein auf den rein operativen Ertrag ab, sondern verfolgt eine mittel- bis langfristige Sicherung des eigenen Bestandsunternehmens.

Ein weiteres Beispiel in der Automotive-Branche ist der Kauf eines Bremsenherstellers durch die BMW AG. Der besagte Bremsenhersteller belieferte nicht nur die BMW AG, sondern auch ihre Konkurrentin, die Audi AG. Man kann sich vorstellen, welche Folgen ein derartiger Einfluss des Wettbewerbers auf die Entwicklung hat, wenn man bedenkt, dass die Modellentwicklung eines Autos derzeit etwa drei Milliarden Euro kostet und drei bis vier Jahre dauert.

Die Bewertung obliegt deshalb nicht allein rein mathematisch sichtbaren Grundlagen, sondern wird bestimmt von der Individualsichtweise eines Bieters. Deshalb muss man umgekehrt beim Verkauf seines Unternehmens nicht nur den Industriekreis des eigenen Unternehmens betrachten, sondern auch sachfremde Sichtweisen zulassen – und nicht den Anspruch erheben, alles zu wissen. Headhunter suchen meist nur im Dunstkreis der Unternehmenstätigkeit im Umfeld des Wettbewerbs. Unternehmen unterliegen aber immer denselben Grundsätzen, was bedeutet: **Jeder gute Kaufmann kann jedes Unternehmen bewerten und führen.**

Bewertungen von Start-ups

Besonders spannend sind Bewertungen sogenannter Start-ups. Diese werden von privaten Geldgebern vorfinanziert, denn sie haben keinerlei Umsatz zu Beginn und auch kein fertiges Produkt. Sicherlich können sie Fördermittel und Subventionen bekommen – zumindest partiell (Abschn. 1.5). Im Kern wird aber Geld durch das Personal, den Raum, die Technik sowie Marketing in vorher geschätzten und später meist deutlich höheren *burn-rates* verbrannt. Unter *burn-rate* versteht man übrigens die monatlichen Verluste (überwiegend Personalkosten), die das Unternehmen durch Mittel der Gesellschafter (überwiegend Eigenkapital) braucht, um arbeiten zu können. Daneben stehen wiederum geringe Einnahmen. Man verbrennt also monatlich Geld.

Beispiel für hohe burn-rate

In einem Fall wurde für ein Gemüseselbstanbauprodukt ein Investor gesucht, der 15 % der Anteile für 15 Mio. EUR erwirbt. Diese 15 Mio. EUR hätten dann gut ein Jahr gereicht, um die *burn-rate* zu decken. Bei solchen Investments muss der Wert des Unternehmens in der Zukunft einen dreistelligen Millionenbetrag erreichen, um seine Investition zurück zu erhalten. Man muss sich hier ansehen, welchen Wert traditionelle und etablierte Unternehmen haben bzw. welcher Umsatz erzielt wird. Anschließend gleicht man dieses Standing mit den Entwicklungsanforderungen an das Start-up an.

Wie berechnet man nun den Wert solcher Start-ups? Bei „normalen" Unternehmensübernahmen und Bewertungen ist es immer üblich, mindestens 25 % bis 100 % der Unternehmensanteile zu übernehmen. Bei Start-ups ist es nicht ungewöhnlich, einen geringen Prozentsatz teilweise im Wandeldarlehen zu sichern (Anwartschaftsrecht) oder im Treuhandverhältnis aufzubewahren. Die Unternehmen bewerten sich dann selbst mit hohen Millionenbeträgen, weil sie vorausschauend anhand eines erfolgreichen Beispiels nach sieben oder elf Jahren vergleichen, wo sie stehen könnten, wenn das Produkt fertig ist und die potenziellen Kunden bzw. der Markt angebissen haben. Es handelt sich also um reine Fiktion und gewissermaßen um eine Wette oder auch um ein Schneeballsystem, in dem der letzte Investor alles verlieren kann.

Zuletzt wurden von einem der Autoren zwei Start-ups begleitet, die jeweils einen dreistelligen Millionenbetrag als Kaufpreis erzielt haben. Die Unternehmen erzielten weniger Umsatz als der bereits erwähnte Pflegedienst und einen deutlich geringeren Überschuss, wobei das Pflegeunternehmen nicht einmal 10 % des Werts hat, den die beiden Start-ups tatsächlich erzielt haben. Wie bewertet man also beispielsweise ein FinTech-Unternehmen, wenn man am Anfang steht und außer der Idee nichts hat?

Ein etabliertes Unternehmen weist für die Bewertung ein messbares Ergebnis der Umsetzung auf, was gerade bei Start-ups unmöglich zu beweisen ist und die meisten Gründungen auch scheitern lässt. Es ist also – auch wenn einige hier wohl widersprechen würden – nichts anderes als eine Wette. Wenn man das Geld von Investoren oder eigenes Geld in 50 Start-ups investiert, besteht aber die Möglichkeit, dass eine Handvoll tatsächlich überlebt, Umsätze generiert und die Verluste der anderen auffängt. Immerhin ist durch die Gelddruckpolitik der Zentralbanken auch sehr viel Geld im Markt unterwegs.

Die Bewertung kann man hier also auf zwei unterschiedlichen Ebenen sehen. Zum einen dadurch, dass man z. B. durch die **FinTech-Idee** bzw. deren **Technologie** 20.000 Arbeitsplätze einer Bank einsparen kann. Die Deutsche Bank beispielsweise hat 2019 verkündet, ungefähr diese Zahl an Beschäftigten abzubauen. 10.000 Arbeitsplätze sparen sicherlich 70 Mio. EUR an jährlichen Personalkosten bei einer solchen Bank ein. Darauf basierend könnte man einen Wert ermitteln, wenn man das Unternehmen zu einem bestimmten Zeitpunkt tatsächlich an eine Bank verkauft. Zwischenschritte hierzu könnten einen Zwischenwert ermitteln lassen und die Bewertung in der Entwicklung ohne Umsatz begründen. Auch möglich ist, dass schlichtweg der Investor, der zuletzt kommt, verliert und die Bewertung in einer Art Schneeballprinzip erfolgt. Erstaunlich ist heutzutage, dass Unternehmer trotz jahrelanger operativer Verluste nicht wegen Insolvenzverschleppung geprüft werden und die Gesellschaft es offenbar hinnimmt, wenn z. B. durch Online-Shopping traditionelle Unternehmen mit Gewinnerzielungsverpflichtung im Offline-Handel letztlich mit Wettkapital verdrängt werden.

Zum anderen kann der **Exit-Plan** immer Grundlage einer Bewertung sein. Wenn also eine Unternehmung nur zwei Jahre gehalten, aufgehübscht und parzelliert verkauft werden soll, dann ist der Überschuss Maßstab der Bewertung. Kauft man also die bereits mehrfach erwähnte Tischlerei für 250.000 EUR[4] und glaubt, dass man den Umsatz steigern, andere Kundenkreise öffnen oder aber nur die Preise erhöhen kann, um schließlich abermals zu verkaufen, dann verändert sich die Perspektivbewertung. Bekommt man so 500.000 EUR für das Unternehmen oder gar eine Million und erweitert man durch den höheren Kaufpreis den potenziellen Käuferkreis und setzt im Rahmen der Ankauffinanzierung kein Eigenkapital ein, warum sollte man dann für die Tischlerei nicht auch 300.000 EUR bezahlen und einen Überschuss nach zwei Jahren in Höhe von 200.000 EUR und mehr erzielen? Wenn man überdies eine Kapitalgesellschaft über die eigene Kapitalgesellschaft erwirbt, sind solche Überschüsse quasi steuerfrei. Man zahlt dann nämlich lediglich 5 % der anfallenden Gewerbe- und Kapitalsteuer auf Ebene der haltenden Kapitalgesellschaft. Einzelpersonen, OHG, KG und vergleichbare Gesellschaftsformen haben diesen steuerlichen Vorteil nicht.

> **Checkliste für Start-up-Bewertungen**
> - Produkt und Wettbewerb prüfen (Bedarf, Markt)
> - Kundenfeedback einholen
> - Wachstumsgeschwindigkeit ab Produktvermarktung evaluieren
> - Entwickler im Haus: vorhanden oder Leistung zugekauft?
> - Kapitalbedarf in den kommenden 18 Monaten ermitteln
> - Cap Table prüfen

---

[4]Die hier genannten Kaufpreise sind immer netto zu verstehen; d. h. exklusive der anfallenden Nebenkosten wie Notarkosten, Umschreibegebühren, Schulungskosten, Integrationskosten etc.

Konkret bedeutet das für die Tischler GmbH: Wenn man sie mit einer privaten Holding GmbH hält, verkauft und mit dem Verkauf 250.000 EUR Gewinn erzielt, werden, wenn man die Muttergesellschaft verkauft, 30 % Steuern fällig. Als Privatperson müsste man sogar den eigenen Einkommenssteuersatz ansetzen bzw. das sogenannte Halbeinkünfteverfahren. Wenn man nur die Anteile an der Tischler GmbH verkauft und den Gewinn dann in der Holding GmbH belässt, beträgt der heutige Steuersatz auf den Gewinn nur gut 1,7 %. Die Struktur eines Verkaufs ist also essenziell.

Abb. 1.3 zeigt, wie die Tischlerei in einem Asset- und Share-Deal von einer Privatperson bzw. einer Holding verkauft werden kann und wie hoch der Nettogewinn jeweils ausfällt.

Die eigene Perspektive, die Finanzierung und die Risikobereitschaft beeinflussen den Wert eines Unternehmens also mindestens ebenso wie die objektiven Bewertungskriterien, die ein Finanzamt ansetzt.

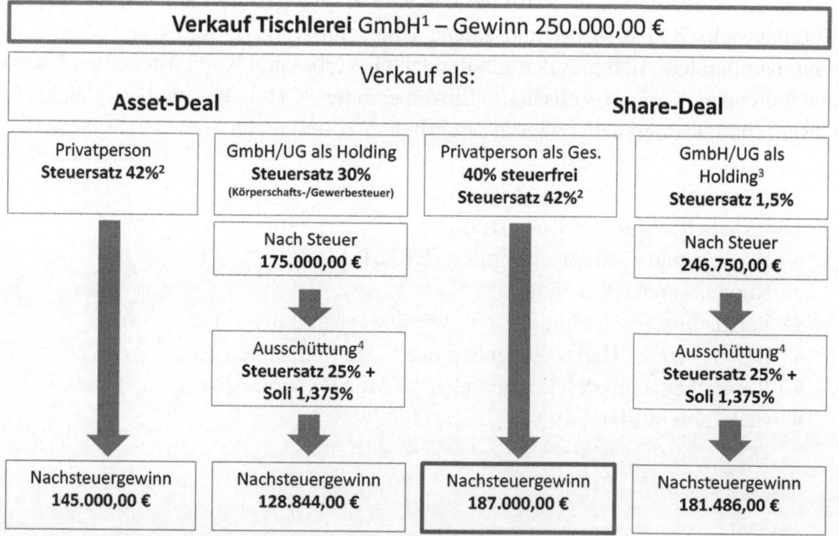

Abb. 1.3 Beispiel Verkauf Tischlerei GmbH. (Quirin Graf Adelmann)

Literatur

Ballwieser W, Hachmeister D (2016) Unternehmensbewertung. Schäfer-Poeschel Verlag, Stuttgart

Bucher M, Neyer U (2016) Der Einfluss des Einlagesatzes des Eurosystems auf das Kreditangebot der Banken. Credit & Capital Markets – Kredit und Kapital. Duncker & Humblot eLibrary. https://doi.org/10.3790/ccm.49.2.221

Frankfurter Allgemeine Zeitung bzw. FAZ (2004) Mannesmann-Übernahme könnte Steuerzahler Milliarden kosten. https://www.faz.net/aktuell/wirtschaft/telekommunikation-mannesmann-uebernahme-koennte-steuerzahler-milliarden-kosten-1158062.html. Zugegriffen: 12. Okt. 2019

Henselmann K, Kniest W (2015) Unternehmensbewertung: Praxisfälle mit Lösungen. NWB Verlag, Herne

IG Metall (2019) Tischler- und Schreinerhandwerk: Meistergehälter und Ausbildungsvergütungen. https://www.igmetall.de/download/TischlerundSchreinerhandwerk_Meister_Azubi_2019_3f76fa0354c92fc7165fdd3b3a9d406d43371b2e.pdf. Zugegriffen: 12. Okt. 2019

Manager Magazin / dpa (2009) Vodafone schreibt 15 Milliarden Euro Steuern ab. https://www.manager-magazin.de/unternehmen/artikel/a-665094.html. Zugegriffen: 12. Okt. 2019

Otte M (2019) Die Finanzmärkte und die ökonomische Selbstbehauptung Europas. Springer Gabler, Wiesbaden, S 165. https://doi.org/10.1007/978-3-658-23179-8

Pfannmöller J (2018) Die Geldpolitik der Europäischen Zentralbank und der Euro. In: Pfannmöller J (Hrsg) Kreative Volkswirtschaftslehre. Springer Gabler, Wiesbaden

Schmid D (2018) So viel dürfen Sie als Chef einer GmbH verdienen. Impulse Medien GmbH. https://www.impulse.de/recht-steuern/steuertipps/geschaeftsfuehrer-gehalt-gmbh/7307883.html. Zugegriffen: 12. Okt. 2019

Erwerb

2

2.1 Motivation

Nachdem die Unterlagen geprüft, die Ortsbesichtigung des Unternehmens und die eigene Perspektivbewertung erfolgt ist, sollte die Bereitschaftsspanne zu einem angemessenen Preis abgesteckt sein.

Eine wichtige Voraussetzung für den Erfolg ist immer, dass Käufer und Verkäufer sich möglichst sympathisch sind. Die Motivation für den Kauf bzw. Verkauf sollte klar sein. Ein Verkäufer will in der Regel den Fortbestand seines Unternehmens sehen. Von Aufteilungen, Wiederverkaufs- und sonstigen Restrukturierungsstrategien will er allerdings wenig bis gar nichts hören. Wenn von vorneherein klar ist, dass seitens des Käufers solche angedacht sind, sollte zurückhaltend geantwortet werden, um die Bereitschaft zur Transparenz mit der Absicht des Vertrauensgewinns später nicht mit einem höheren Preis zu bezahlen. Natürlich kann es dem Verkäufer oft gleichgültig sein, was mit seinem Unternehmen passiert – ist es aber meist nicht. Umgekehrt will man auch nicht mit Verbotsvereinbarungen erwerben. Unternehmenskäufe mit der persönlichen, auch übergangsweisen Abhängigkeit vom Verkäufer verbieten zudem Strategiestreitigkeiten. Preisrelevant ist also die Motivation des Verkäufers. Es mag sein, dass dieser aus Altersgründen, familiären Gründen (z. B. Scheidung), dem Beginn eines neuen Lebensabschnitts oder aus Geldproblemen heraus verkauft. Dann wird der zeitliche Ablauf wichtig, weil nach der DD-Phase (due diligence) und den möglicherweise vernachlässigten Wettbewerbern während der Prüfphase, auf die man bestehen muss, der Preis in der Regel fällt. Es kann natürlich auch andere Motive für den Verkauf geben.

▶ **Achtung:** Bei Start-ups bleiben die Verkäufer im Unternehmen und
verwässern ihre Anteile. In diesem Fall geht es um eine möglichst
hohe Unternehmensbewertung, auf dessen Basis der aufgenommene
Gesellschafter einzahlt.

Die Belehrung des Verkäufers über den Wert seines Unternehmens empfiehlt
sich ebenfalls nicht. Man sollte allenfalls auf die eigene Motivation verweisen
und daraus den Wert begründen – z. B. mit dem Ansatz, wie viel man investieren
muss, den Kosten des Transfers oder ähnlichen Punkten. Dies umfasst Themen,
mit denen sich der Verkäufer bisher wenig oder gar nicht beschäftigt hat, weshalb deren Nennung den Perspektivwechsel erleichtert. Die Empfehlung lautet
deshalb: Gehen die Wertvorstellungen zu weit auseinander und ist die Einigung
unklar, sollte man nicht den gesamten Verhandlungsprozess durchlaufen, sondern
rechtzeitig abbrechen. Es ist nicht ausgeschlossen, dass sich die Wege in kurzer
Zeit wieder kreuzen und von Neuem verhandelt wird, ohne vorher die Beziehung
mit dem Verkäufer zerstört zu haben.

Aus eigener Erfahrung und vielen Ankaufprozessen gibt es vor allem im
Bereich von Start-ups Unternehmer, die den Wert ihres Unternehmens viel zu
hoch einschätzen. Hier gilt es zu warten, ohne eine unbegründete Hoffnung zu
schaffen. Meist wird dieser Wert auch nicht von anderen bezahlt bzw. niemand
will immer der Höchstbietende sein. Der Verkäufer kommt dann auf die zurück,
die sich konstruktiv und fair verhalten haben, wenn das Geld ausgeht – und es
wird ausgehen. Umgekehrt ist es nicht gut, nur aufgrund der bereits eingesetzten
Zeit oder der Sympathie zum Verkäufer am Ende viel mehr zu bezahlen, als man
je bereit war zu zahlen. Gibt es jemand anderen, dann hat dieser vielleicht eine
bessere Verwendung, ist strategisch für das Unternehmen besser geeignet – oder
er verliert Geld. Das erste hat man in diesem Moment nicht, das zweite weiß man
nicht, das dritte will man nicht. Der Trost: Es gibt in Deutschland sehr, sehr viele
Unternehmen, die auf eine Nachfolge warten.

▶ **Unser Tipp** Vermeiden Sie Bieterverfahren. Der Höchstbietende
gewinnt immer. Das will man nicht sein. Vermeiden Sie einen Ankauf
auch mit dem Argument, dass bereits Zeit und Geld im Prüfungsver-
fahren stecken. Es kann immer noch teurer werden!

Der Verkäufer kann sich oft auch in die Lage des Käufers versetzen und sieht am
Ende des Verkaufsprozesses die Ernsthaftigkeit und den Kapitalnachweis – also
das verfügbare und kurzfristig erreichbare Geld und damit die Handlungsfähigkeit.

Es ist dann nicht selten, dass der Preis noch einmal erheblich fällt. Insofern geht es auch immer darum zu zeigen, dass man sich einen Kauf leisten kann und die Übernahme nicht durch lange Prozesse und detaillierte Vertragsklauseln verkompliziert. Ohnehin hilft niemandem die Jurisprudenz: Gerichtsverfahren dauern Jahre, Unternehmen brauchen aber Entscheidungen im „Jetzt".

In unserem in Abschn. 1.4 genannten Beispiel des Mobilitätsunternehmens sind Verhandlungen zur Beteiligung für 15 % der Anteile bei einer Million Euro Investment rechtzeitig und sauber abgebrochen worden. Gut sechs Monate später erinnerten sich die Verkäufer an das Angebot. Am Ende stand eine Beteiligung von 50 % der Anteile bei identischer Investitionssumme zugunsten der Weiterentwicklung des Unternehmens. Einige andere potenzielle Investoren hatten sich den Rückweg durch ihr Verhalten verbaut.

> **Unser Tipp** Möglichst keine Bedingungen wie Ausstiegsszenarios, Garantien des Verkäufers und lange Verfahren von Vertragsschluss bis zur Bezahlung des Kaufpreises stellen.

2.2 Prüfungsumfang und Prüfungsprozess

Übernimmt man eine Gesellschaft in sein Portfolio, müssen die letzten Bilanzen und Zahlen gelesen, die Mitarbeiterlisten bekannt und das Anlagevermögen geprüft sein. Es kann ein Fehler sein, frühzeitig Rechtsanwälte und Steuerberater in den Prüfungsprozess aufzunehmen. Niemals sollten jedenfalls diese Dienstleister direkt mit dem Verkäufer sprechen dürfen. Natürlich treten die Steuerberater zur Plausibilisierung der Zahlen wechselseitig in Kontakt. Zuallererst sollte man aber persönlich die Steuerberater des Verkäufers gesprochen haben und ihnen in Aussicht stellen, dass sie das Mandat fortführen dürfen. Dann kann sich die Loyalität nämlich bereits leicht zugunsten des Käufers verschieben.

Gleiches gilt hinsichtlich der Führungskräfte des Verkäufers. In lockeren Gesprächen sollte man über Familie und Beruf sprechen. Stimmungsschwankungen und Inhalte sind hier essenziell, um ggf. übersehene Aspekte angedeutet zu bekommen.

> **Wichtig zu wissen:** Unzufriedenheit über Gehälter, technische Ausstattung oder Kunden deuten auf Investitionserfordernisse, aber auch mögliche Grundsatzprobleme hin, die man aus Unterlagen nicht erfährt.

Der Steuerberater hat die Aufgabe zu prüfen, welche Umsatzsteuervoranmeldungen, Krankenkassenmeldungen und Löhne ggf. verspätet gezahlt wurden.

▶ **Hinweis:** Liquiditätsprobleme einer Gesellschaft verifizieren meist die Verkaufsmotivation des Verkäufers.

Die Fluktuation des Personals ist ein wichtiger Aspekt, um zu prüfen, welches Know-how die Gesellschaft hat. Man sollte sich keinesfalls zu schade sein, um sich vom Hausmeister durch das Unternehmen führen zu lassen. Man erfährt deutlich mehr, wenn man locker und offen auftritt und auch die eigene Bekleidung der Unternehmenskultur anpasst. So entsteht nicht der Eindruck, dass man höher steht und als Übernehmer kommt. Eitelkeiten und Ego sind am Ende immer teuer und nehmen neben der Zeit auch Mittel, um in die Substanz des Unternehmens zu investieren.

Checkliste zur Prüfung eines Unternehmens
- Bilanz und GuV, BWA, Summen- und Saldenlisten, OP-Listen prüfen
- Anlagevermögen prüfen
- Mit Steuerberatern des Verkäufers sprechen, Fortsetzung des Mandats in Aussicht stellen
- Unternehmenszahlen selbst auf Plausibilität prüfen
- Mit Führungskräften des Unternehmens sprechen
- Dabei Investitionserfordernisse und Grundsatzprobleme in Erfahrung bringen
- Unternehmen auf Liquiditätsprobleme in Vergangenheit und Gegenwart untersuchen
- Mit weiteren Mitarbeitern verschiedener Ebenen sprechen, dabei wertvolle inoffizielle Informationen sammeln

2.3 Steuergrundlage

Den Kaufpreis bezahlt man entweder für Anteile der Gesellschaft oder aber für Darlehen in der Gesellschaft bzw. das Anlagevermögen. Hierbei können große Unterschiede bei der Ermittlung des Buchwerts, aber auch beim Wiederverkauf oder der Beteiligung Dritter an der Gesellschaft auftreten. Einige Aspekte, die es zu beachten gilt, sind:

Stille Reserven
Die Gefahr, dass man durch den Kauf stille Reserven aufdeckt, die steuerpflichtig sind, muss erkannt und berücksichtigt werden. Spannend sind hierbei Sanierungsfälle. Verzichten Gläubiger auf Forderungen oder stellt man fest, dass Ausstattung zwar abgeschrieben, aber gehoben werden kann (Werterhöhung, Wiedereinbuchung), dann fallen hierauf möglicherweise 30 % Steuern an, die als Liquidität nicht im Unternehmen vorhanden sind.

Grundstücke
Gehören zum Gewerbe Grundstücke, sollte man andenken, diese in getrennte Gesellschaften zu überführen, falls die Grundstücke (später) verkauft werden sollen. Zwar fällt dann erneut Grunderwerbsteuer an, man spart sich allerdings beim Wiederverkauf möglicherweise Gewinnsteuern (bei Personengesellschaften, wenn nicht dem Betriebsvermögen zugerechnet) oder man verkauft die Anteile einer GmbH wiederum steuerfrei, wenn diese von einer anderen Kapitalgesellschaft gehalten werden.

Steuerliche Planung
Das Steuerrecht ändert sich laufend und teilweise rückwirkend. Ein fähiger Steuerberater fragt immer nach der zukünftigen Planung und prüft neben dem Bestand der kaufenden Unternehmung auch die adäquate Struktur. Diese Aufgaben sind der Unternehmensberatung gegenüber klar abzugrenzen, weshalb ein direkter Kontakt zwischen Verkäufer und Steuerberater unbedingt zu vermeiden ist.

Verluste
Wichtig zu wissen: bisherige Verluste in der Gesellschaft können nicht übernommen werden, wenn mehr als 50 % der Anteile der Unternehmung an den Käufer übergehen. Dieses Gesetz gilt bereits seit 2008 (BMJV 2019). Verlustvorträge entfallen also sofort und im Übrigen auch bei eventuellen Verschmelzungen von Unternehmen.

2.4 Vertrag und Kaufpreis

Am Ende des Verkaufsprozesses steht ein Kaufvertrag, der möglichst einfach gehalten sein sollte, eine Struktur, mit der die Zukunft flexibel gestaltet werden kann, sowie der Preis. Entscheidend beim Preis ist der Fortschritt im Verkaufsprozess. Viele Kaufpreise sinken nochmals deutlich, wenn eine abschließende Einigungsumsetzung vor der Tür steht. Seltsamerweise wollen nämlich die verhandelnden Parteien ab einem bestimmten Verkaufsprozesszeitpunkt nicht mehr aussteigen und den Verkauf zum Abschluss bringen. Andere potenzielle Interessenten würden Monate aufholen müssen. Dieses Moment sollte man dann auch nutzen. Sehr wenige Verkäufer identifizieren sich nach dem Verkauf(sgedanken) noch mit ihrem alten Unternehmen, obwohl sie es zum Beginn des Verkaufs noch als wichtiges Image-Thema ansahen. Hier darf man keine Rücksicht auf die Vergangenheit nehmen, sondern muss allein an die Zukunft des Unternehmens denken: je weniger Mittel man in die Vergangenheit schiebt, desto mehr Mittel stehen für die Zukunft bereit. Das Modell des Besserungsscheines sollte man auch kennen. Besserungsscheine bedeuten die Aufbesserung des Kaufpreises nach Übergang der Unternehmung in bestimmten Fällen verifizierter Ereignisse (Mehrumsatz o. ä.). Dieses Modell ist allerdings oft unbeliebt bei den Verkäufern, weil es den gedanklichen Abschluss des Verkaufsereignisses verlängert und sie die Zahlen und Fakten nicht unmittelbar selbst unter Kontrolle haben.

Der Unterschied ist übrigens nicht bedeutend, wenn nur Teile einer Gesellschaft übernommen werden und der Verkäufer weiterhin Gesellschafter bleibt. Es ist deutlich angenehmer, wenn Investitionsleistungen vereinbart wurden, anstatt einen letztlich zu hohen Kaufpreis zu zahlen. Vergleichbar ist das mit der Entlassung einzelner Mitarbeiter im Sanierungsfall: Nicht der scheidende Mitarbeiter ist relevant, sondern die Sicherung der bleibenden Mitarbeiter. Viele Denkfehler können mit dieser Betrachtungsweise konsequent vermieden werden.

> **Checkliste Kaufvertrag**
> - Übersichtlichen und einfachen Kaufvertrag anfertigen
> - Struktur des Unternehmens (zukunftsorientiert) skizzieren (Käuferstruktur festlegen)
> - Preis ggf. nachverhandeln, wenn Spielraum erkennbar ist
> - Immer zwischen Vollübernahme und Einstieg als Gesellschafter unterscheiden. Bei letzterem ist der Kaufpreis sekundär zu sehen.

2.5   Finanzierung des Kaufpreises

Neben dem Kaufpreis ist immer die Finanzierung mit ihren Zahlungsbedingungen elementar. Es gibt Fälle, bei denen die ratenweise Zahlung des Kaufpreises trotz erfolgter Übergabe der Gesellschaft möglich ist. Das kommt selten vor, sollte aber immer in Erwägung gezogen werden. Je weniger Eigenkapital eingesetzt werden muss, desto flexibler ist man später und desto weniger Einfluss haben dann Geldgeber, wenn man diese benötigt. Natürlich lässt sich ein Unternehmenskauf auch vollständig mit Eigenmitteln durchführen und entweder gar nicht finanzieren oder nachfinanzieren.

Rentabilitäts- und Liquiditätsplan

Der erste und wichtigste Schritt zur Finanzierungsvorbereitung ist folglich die Erstellung eines Rentabilitäts- und Liquiditätsplanes für die kommenden drei bis fünf Jahre. Der erste Eindruck bei der Bank ist wichtig. Die Unterscheidung zwischen Liquidität und Rentabilität eines Unternehmens dürfte klar sein: Im Rentabilitätsplan sind auch die Kosten für Eigenkapital und Fremdkapitalverzinsung enthalten sowie die Abschreibungen auf das Anlagevermögen. Im Liquiditätsplan sollte die Gesellschaft, die man üblicherweise mit einem ausgeglichenen Kontostand erwirbt, mit ausreichend Geld ausgestattet sein oder werden, um auch Steuervorauszahlungen oder Tilgungsraten auszugleichen. Da wir hier keine Neugründung, sondern eine Übernahme einer Bestandsgesellschaft haben, sollten die Zahlen des Vorgängers aus dessen betriebswirtschaftlicher Auswertung und/oder Bilanz fortgesetzt und die möglichen Steigerungen der Bank aufgezeigt und begründet werden. Dazu gehören u. a. Mehrumsatz, Kostenreduzierungen, Teilverkäufe etc.

Sicherheiten

Da die Bank ihr Geld bei Unternehmen in der Regel nicht absichern kann (beispielsweise durch Immobilieneigentum), wird man Sicherheiten außerhalb des Unternehmens geben müssen, wenn man einen hohen Kredit bekommen und niedrige Zinsen zahlen will. In der Regel setzen Banken einen Tilgungsplan von fünf bis zwölf Jahren an. Die Gewinne der Gesellschaft müssen aufzeigen, dass die Raten zuverlässig zurückgezahlt werden können. Durch eigenes eingesetztes Kapital, private Bürgschaften oder mit Grundstücken kann man ein gutes Gegengewicht für die Kreditabsicherung erzeugen. Will man das nicht, wird man auf Banken weitgehend verzichten müssen, da diese durch Regularien nach der Finanzkrise 2008 hierzu im Rahmen der Basel-Vorschriften verpflichtet wurden. Natürlich kann man sich Geld auch von anderer Stelle leihen. Je nach Risikohöhe werden dann aber Zinsen von weit über 10 % gefordert, was den Ertrag erheblich mindern könnte. Bei Projektgeschäften ist das allerdings üblich, da die Laufzeitzinsen oft endfällig sind und man schlichtweg bei hohen Gesamtvolumina mit absolut gerechnet viel, prozentual aber wenig Eigenkapital auskommen muss. Das Thema Finanzierung ist und bleibt also komplex. Natürlich passen sich Banken auch an. In der heutigen Gelddruckpolitik werden Geldmittel auf Konten bestraft. Durchaus denkbar ist also, mit Banken einen Zeitraum von Tilgungsfreiheit zu vereinbaren. Branchenbanken mit MitarbeiterInnen, die über Erfahrung und Fachbezug verfügen, sind in der Regel einfacher ansprechbar und der Zugang zu Finanzierungsmitteln ist leichter, obgleich dort die Zinsen etwas höher liegen.

Bankauswahl

Eine Bank benötigt in der Regel vier bis sechs Wochen zur Finanzierungsprüfung. Wenn man also beim Kauf eines Unternehmens sicher ist, dass die Einigung möglich ist, sollte die Finanzierungsanfrage rechtzeitig gestartet werden. Wie beim Steuerberater sollte jegliche direkte Kommunikation zwischen Bank und Verkäufer/Gesellschaft unterbunden werden. Start-ups bilden wieder eine Besonderheit. Hier kann man sich die Mühe sparen und besser mit Förderbanken sprechen, da bis zur Auszahlung viele Monate vergehen. In der Realität finanzieren Banken außerdem kein Projektgeschäft von Start-ups, deren *burn-rate* nicht selten sechsstellig im Monat ist und deren Umsatz nicht einmal reicht, um einen Bruchteil der Personalkosten zu tragen. Banken nehmen nicht – wenn man es scherzhaft ausdrücken will – an fremden Wettgeschäften teil. Aber auch Förderbanken (wie beispielsweise die IBB in Berlin) legt Programme auf, deren Kreditmittel mit bis zu 4 % verzinst werden, also relativ teuer sind.

Literatur

Bundesministerium der Justiz und für Verbraucherschutz (BMJV) (2019) Einkommensteuergesetz (EStG), § 6 Bewertung. https://www.gesetze-im-internet.de/estg/__6.html. Zugegriffen: 14. Okt. 2019

Optimierung

3

3.1 Kontrolle

Mit Zahlung des Kaufpreises wird die Gesellschafterliste verändert und man übernimmt die Kontrolle durch die Bestellung eines Geschäftsführers.

Grundsätzlich erhält man in der Übung des normalen Geschäftsbetriebes tatsächlichen Einblick in die operativen Abläufe. Jeder hat seine eigene Vorstellung von der Führung eines Betriebs, den Prozessabläufen, der Personalführung und dem Umgang mit Kunden, Lieferanten und Dienstleistern. Es ist dennoch ratsam, zunächst zu beobachten, wie der Betrieb normalerweise funktioniert. Die Kernfrage, die man sich immer zu Anfang stellen und mit Leistung und Preis abgleichen muss, lautet: Wer ist mein Kunde? Die Personas (Prototypen der Käufergruppen) müssen klar sein, denn alles richtet sich danach.

Geschäftsführer

Weiterhin empfiehlt es sich, sofort nach der Übergabe sich selbst und/oder den eigenen Geschäftsführer einzusetzen. Außerdem werden nach einer kurzen Übergangszeit sämtliche Berater durch eigene ausgetauscht. Dieses Vorgehen hat Vorteile: Das vertraute Beraterteam ist auf Ihre Anforderungen trainiert und kennt Ihr Vorgehen und Ihre Arbeitsweise. Außerdem müssen sich die eigenen Dienstleister neu in ein fremdes Unternehmen hineindenken und hinterfragen und prüfen deshalb besonders sorgfältig. Es empfiehlt sich nicht, die eigene Natur zu ändern, wenn man ein neues Unternehmen kauft. Viele Arbeitsschritte müssen blind funktionieren, während man das neue Unternehmen kennen und steuern lernt.

Eine Alternative kann sein, den bisherigen Geschäftsführer beizubehalten. Dies funktioniert aber nur, wenn das Verhältnis zwischen Käufer und Geschäftsführer von Sympathie, Loyalität und gemeinsamer Marschrichtung geprägt ist. Andernfalls wird

© Der/die Herausgeber bzw. der/die Autor(en), exklusiv lizenziert durch Springer Fachmedien Wiesbaden GmbH, ein Teil von Springer Nature 2020
Q. Graf Adelmann und M. Rassinger, *Bewertung, Kauf und Optimierung von Unternehmen,* essentials, https://doi.org/10.1007/978-3-658-28978-2_3

der alte Geschäftsführer eigene Interessen verfolgen, die oft nicht mit den Firmeninteressen übereinstimmen.

Auch die Einsetzung eines Fremdgeschäftsführers ist möglich. Hier ist jedoch zu beachten, dass Rekrutierungskosten anfallen und noch keine Erfahrungen mit dem neuen leitenden Mitarbeiter bestehen. Der Übergang kann deshalb holprig verlaufen und mit gewissen Anfangsschwierigkeiten einhergehen. Zu guter Letzt kann man auch selbst Geschäftsführer sein und den Betrieb leiten und kennen lernen. Wer viele Unternehmungen hat, sollte hierauf jedoch verzichten, weil das operative Geschäft gut 80 % der Tageszeit aufbraucht und weitere Eingliederungen, strategische Entscheidungen etc. entsprechend verlangsamt oder gar nicht erfolgen werden.

Rechtsanwälte, Steuerberater und Consultants

Rechtsanwälte wissen, ob man einen Rechtsstreit eingehen sollte oder nicht. Steuerberater lernen von der Lohnabrechnung bis hin zur digitalen Belegverwaltung genau, auf welche Auswertungen besonderer Wert gelegt wird. In das vorhandene System eines Fremdberaters einzugreifen, kostet Lernzeit. Der umgekehrte Fall, nämlich neue Systeme beizubringen, kostet ebenfalls viel Zeit – Zeit, die man gerade am Anfang einer Übernahme nicht hat. Sicherlich ist es nicht schädlich, durch externen Input immer wieder auch die eigene Arbeitsweise zu überprüfen. Das erfolgt aber mit der Dokumentationsaufarbeitung einerseits, dem Verständnisaustausch im neuen Unternehmen andererseits und eben auch mit der Übernahme der Akten und Fälle der bisherigen Berater.

Der Hauptautor dieses Werks hat bereits Dutzende von Unternehmen übernommen, aber noch nie einen Berater des akquirierten Unternehmens behalten. Dies mag natürlich dem Umstand geschuldet sein, dass beim Unternehmenskauf die Potenziale bisher oft nicht genutzt worden sind. Beim Austausch der bisherigen Beratungsdienstleister ist man gezwungen, sich mit der Materie intensiv und im Detail zu beschäftigen. Man liest und berichtet sozusagen gleichermaßen und lernt dann (ähnlich wie in der Schule) 70 % des Inhalts. Lässt man sich nur berichten und verlässt sich auf die Fremdeinschätzung, erhält man Derivatsinformationen. Außerdem empfiehlt es sich, Zusammenfassungen und Berichte Dritter außen vorzulassen und vielmehr die Akten selbst zu lesen und Schlussfolgerungen zu formulieren.

Ausnahme: Übernahme durch Großunternehmen

Anders könnte es sein, wenn ein großer Player junge und fortschrittliche Unternehmen kauft, um sich selbst zu aktualisieren, zu überprüfen und neu auszurichten. Man kauft dort das Wissen von Menschen und übernimmt die Innovation sowie die neue Handlungsideen für das eigene Unternehmen. Dieses Vorgehen ist nicht vergleichbar, da es auf einem anderen Ansatz beruht. Ein neues Unternehmen muss nicht schlecht sein, aber es hat aus unterschiedlichen Gründen Potenziale, die es zu heben und Perspektiven, die es zu öffnen gilt. Konzerne wie die Siemens AG oder SAP AG beispielsweise müssen sich technologisch – und damit auch inhaltlich und personell – laufend modernisieren und verfolgen einen völlig anderen Ansatz.

Personal

Ausschlaggebend bei der Optimierung ist das eigene Personal. Hier muss man wissen, was jeder einzelne tatsächlich macht, in welcher Hierarchie er im Unternehmen steht und wieviel Geld er verdient – vor allem aber, was er oder sie kann. Bei manchen Unternehmen sind Führungsmitarbeiter zu hoch bezahlt, was auch daran liegt, dass sie seit vielen Jahren dabei sind. Beim Austausch solcher Mitarbeiter muss es darum gehen, dies behutsam durchzuführen und das Know-how, das zweifellos in erfahrenen Mitarbeitern steckt, entweder neu zu akquirieren oder auf Dritte zu übertragen. Projektarbeit frischt ebenfalls oft die Arbeitsweise und Motivation stark auf, sodass auch bei einem Bestandsteam neuer Elan aufkommt. Oft hinterfragen Menschen, die nach Routine arbeiten, die eigenen Abläufe nicht und sehen Fehler oder Schwächen nicht mehr (Betriebsblindheit). Hinterfragen und Herausfordern ist deshalb erforderlich – nicht jedoch das Hinterfragen eines Unternehmensberaters, der ein Unternehmen möglicherweise nur oberflächlich kennt und dieses nach kurzer Zeit wieder verlässt. Beim Einsatz von Unternehmensberatern sollte immer hinterfragt werden, welche (erfolgreichen) Unternehmungen sie bisher selbst geführt haben. Bei der Qualität von Unternehmensberatern gibt es auch erhebliche Unterschiede.

Dennoch lässt sich nicht pauschal festhalten, dass Routine schlecht sein muss. Es gibt Fälle, in denen sich eine Arbeitsweise bewährt hat und nicht verändert werden sollte. Ein Rezept für richtig, falsch oder Verbesserungen existiert also nicht. Das Hinterfragen jedes Ablaufs und jeder Methode ist jedoch unabdingbar, um hierfür ein gutes Gefühl entwickeln zu können. Beispielsweise können die Methoden der Kundengewinnung veraltet sein, nicht jedoch die Abläufe. Zuweilen bedarf es auch einer Verschiebung von Zeitverschwendung hin zu intelligenter Arbeit. Controller im Haus könnten mit digitalen Belegen plötzlich Zeit gewinnen, sich Debitoren und Kreditoren detaillierter ansehen, den Zahlungslauf optimieren oder Lieferscheine kontrollieren. Es geht nicht darum, Mitarbeiter einzusparen, sondern ihre Arbeit intelligenter und sinnstiftender zu machen.

3.2 System

Die Wichtigkeit eines Systems lernte der Hauptautor aus der Übernahme eines seiner ersten Unternehmen, der Auto Herbst GmbH, kennen. Anhand dieses Beispiels erörtern wir die Thematik von Systemen im Detail.

Auto Herbst ist ein typisches mittelständisches Unternehmen mit 15 Mitarbeitern und einem Jahresumsatz im niedrigen siebenstelligen Bereich. Auto Herbst führt sämtliche Leistungen am Fahrzeug durch: von der Fahrzeugpflege bis hin zur Unfallinstandsetzung (kein Fahrzeughandel). Die gemietete Fläche im Untergeschoss eines Berliner Hotels beträgt rund 1000 qm.

Nun hat Auto Herbst mit einem Standort direkt am Gendarmenmarkt zwar eine gute Lage – allerdings geben Fahrzeugnutzer ihre Fahrzeuge lieber zu Herstellerwerkstätten anstatt zu freien Werkstätten. 80 % der Kunden fahren Fahrzeuge, die jünger als 3 Jahre alt sind und damit noch innerhalb der Herstellergarantien bzw. eventueller Kulanzen. In den Jahren 1990 bis einschließlich 2001 hat das Unternehmen erhebliche operative Verluste erwirtschaftet, die Ende 2001 bei gut einer Million Euro lagen. Von August 2000 bis Ende 2006 war der Hauptautor als Betriebsleiter und schließlich als Geschäftsführer tätig. In dieser Zeit wurde der Umsatz vervierfacht und sämtliche Verlustvorträge der Gesellschaft wurden ausgeglichen. Es wurde nur wenig in Außenauftritt oder neue Maschinen und Werkzeuge investiert. Das Personal von Auto Herbst ist seit den 90er-Jahren bis 2006 praktisch identisch geblieben.

Als der Gesellschafter der Auto Herbst GmbH jedoch die Anteile an einen Daimler-Manager verkaufte, sank der Umsatz bis 2011 wieder auf das Niveau von 2001. Der Hauptautor übernahm die Gesellschaft 2012 – dieses Mal als Gesellschafter/Geschäftsführer – erneut und brachte den Umsatz schnell weit über das Niveau von 2006. Die Mitarbeiter sind zum Großteil noch immer dieselben, Ausstattung und Technik sind weitgehend erneuert, aber der Kernkundenstamm ist identisch geblieben. Im Laufe der Zeit haben sich die Preise leicht erhöht. Das System allerdings ist das Rezept für den Erfolg. Die Kunden stammen überwiegend von großen Unternehmen und sind dort wiederum in den letzten Jahren verschärften Regularien ausgesetzt. Dazu gehört neben Fahrzeugüberwachungskontrollen, Datenschutz, Unfallverhütung auch die verbreitete Angst, Fahrzeuggarantien zu verlieren, wenn man nicht zum Fahrzeughersteller geht, um seinen Service zu durchzuführen.

Hersteller verlangen aber oft mehr als das Doppelte von dem, was Auto Herbst für die gleiche Arbeitsleistung mit den gleichen Materialien exakt in den herstellerseitig vorgegebenen Arbeitsschritten in Rechnung stellt. Die jeweiligen Fachleute haben auch dieselbe Ausbildung genossen. Die Kunden entscheiden jedoch vorwiegend subjektiv. Es reicht nicht aus, lediglich mit dem Kostenvorteil zu argumentieren. Man muss deutlich mehr bieten, denn das persönliche Verhältnis und der Service sind bei der entscheidenden Kundengruppe ausschlaggebend für den Erfolg.

Das Erfolgskonzept, das seit 2001 und bis heute gilt, besteht darin, dass kein Kunde eine Direktabnahme durchführen muss, Termine nicht 14 Tage im Voraus vereinbart werden müssen, Autos geholt und gebracht werden, Komplettleistungen inkl. Betankung und Innenreinigung erhältlich sind – und dies alles tüggleich. Bei Unfällen muss sich kein Kunde um die Freigabe, das Gutachten, den Rechtsanwalt, den Leihwagen kümmern oder gar warten, bis die Zahlungspflicht geklärt ist. Die Grundlage des Servicelevels und die richtige Preispolitik haben zu einer Vervielfachung des Umsatzes in kürzester Zeit geführt – durchweg mit dem identischen Team. 2019 wurde der höchste Umsatz seit Bestehen von Auto Herbst erreicht.

Die Zeit erfordert natürlich immer wieder Anpassungen, die im Kern aber mit dem richtigen System immer gelingen. Natürlich hat sich die Arbeitsbelastung der Mitarbeiter ebenfalls erhöht. Dennoch sind die Mitarbeiter zufriedener als zuvor. Das Team muss im System ebenfalls mitgenommen werden und ein Verständnis dafür entwickeln, warum Routinen und Prozesse sich ändern. Hier ist es besonders wichtig, die Erklärungshürden abzusenken, um jeden Mitarbeiter inhaltlich mitnehmen zu können. Man kann aber innerhalb sehr kurzer Zeit und mit identischen Mitarbeitern durch Systemänderungen, d. h. immer wieder unter Berücksichtigung des Kundenblickwinkels im Mikro-Management, die größten Erfolge leisten. Kein System gilt für jedes Unternehmen.

3.3 Strategie, Pricing und Zielgruppe

Womit verdient die Unternehmung Geld, womit nicht, warum ist ein Preis festgelegt? Jeder Unternehmer muss wissen, womit er Geld verdient. Bei der Auto Herbst GmbH ist es so, dass Autowäschen nicht rentabel sind und meist bei plus/minus null enden. Die normalen Reparaturen erwirtschaften einen leichten Überschuss, wenn man die vom Hersteller vorgegebenen Arbeitszeiten schafft – was aber schwer ist, wenn man Mitarbeiter für eine Fahrzeugmarke nicht ausschließlich mit einer Spezialtätigkeit beschäftigt. Mit Unfallinstandsetzungen wird das eigentliche Geld verdient. Nun kann man aber nicht alle anderen Arbeiten einfach sein lassen und nur noch Unfallinstandsetzungen durchführen. Der Kunde kommt gerne zur Autowäsche, denn die Leistung ist sehr gut und die rechtlichen und tatsächlichen Hürden liegen quasi bei null. Außerdem braucht jeder diese Leistung. So kommt eine breite Klientel zum Standort, wo man den Kunden erklären kann, dass auch eine Reparatur oder Wartung durch Auto Herbst nach Gruppenfreistellungsverordnung erlaubt ist, ohne dass Garantien verloren gehen.

Gleiches betrifft die Kosten für das Wechseln und Einlagern von Reifen und Rädern. Als die Wartungsintervalle von einmal jährlich bzw. 10–15.000 km auf bis zu 40.000 km verlängert wurden, sah man den Kunden nicht mehr so häufig. Durch das Gratis-Einlagern sieht man den Kunden aber zweimal jährlich zum Winter- und Sommerradwechsel und kann ein sogenanntes Cross Selling betreiben. Selbstverständlich kommt der Kunde dann bei einem Unfallschaden zur Werkstatt seines Vertrauens – in der die Margen weit über den üblichen Sätzen liegen und damit 65 % der Überschüsse erzielt werden.

Das richtige Pricing besteht also nicht darin, die Leistungen des Unternehmens zu segmentieren und dann auf der jeweiligen Kostenstelle im Profit-Center einzurichten, sondern die Unternehmung und den Kunden zu kennen. In anderen Fällen ist das Pricing die Ursache für Hindernisse. So müssen z. B. öffentliche Verwaltungen ab einer Schwelle von 20.000 EUR p.a. ausschreiben. Hier kann es sinnvoll sein, diese Schwellen zu kennen und Leistungen wie die Einrichtung einer Software und deren Betreuung zu unterscheiden, um Ausschreibungsverfahren zu vermeiden. In Online-Shops muss natürlich das vergleichbare Produkt preislich wettbewerbsfähig sein, da lange Erklärungen zu den qualitativen Unterschieden kaum möglich sind und selten gelesen werden.

Weitere Beispiele für strategisches Pricing

Beispiel 1: Museum

Die Humboldt-Box in Berlin Mitte war als Infostandort während des Aufbaus des Berliner Stadtschlosses geöffnet und hatte zu Beginn freien Eintritt für Besucher. Die großen Besucherströme rissen jedoch abrupt ab, als der Betreiber für den Zutritt Geld verlangte. Die Eintrittspreise wurden schließlich vom Souvenirhändler in der Box übernommen und die Besucher kamen wieder – um dann das Geld für Souvenirs auszugeben.

Beispiel 2: Gastronomie

Bei einem Fischlieferanten mit ungünstiger Standlage konnte das gleiche Produkt preislich verdoppelt werden, indem der Fisch anders verpackt – nämlich mit Schleife – ausgeliefert wurde. Auch die Zielgruppenveränderung kann entscheidend sein. Wenn man seine gastronomische Einrichtung für 1000 EUR Saalmiete an Hochzeitsgäste vermietet, ist man auf einen bestimmten Kundenkreis mit eben jenem Budget und Publikum festgelegt. Beginnt man mit etwas größerem Support jedoch bei 8000 EUR und spricht Agenturen an, wechselt man automatisch den Kundenkreis und verkauft denselben Saal schlichtweg erheblich teurer – wenn auch weniger häufig.

Beispiel 3: Autopflege

Bei besagter Waschstraße (Abschn. 1.4) ist die Kundenbindung mit günstigen Flatrates ausschlaggebend für den Erfolg geworden, sodass der benachbarte und große Wettbewerber sogar zu mehr Kunden und höherem Umsatz führte, weil er keine Flatrate bietet.

Das richtige Pricing ist also ein Kernelement für den Erfolg der Unternehmung. Es gilt dabei, nicht nur den Preis des Wettbewerbs, sondern auch die Zahlungs- und Bindungsmethode einzubeziehen und sich zu fragen, was passiert, wenn man einen anderen Kundenkreis anspricht. Man muss natürlich seinen (potenziellen) Kunden kennen und darf Veränderungen nicht fürchten.

3.4   Marketing und Außenauftritt

Von Logo über Homepage, vor allem aber auch in Social Media müssen Anpassungen vorgenommen werden. Hier ist nicht entscheidend, was man selbst präferiert, sondern ausschließlich, wie ein Unternehmen bisher wahrgenommen wurde und auch zukünftig wahrgenommen werden soll.

So kann es sinnvoll sein, das Logo und den Firmennamen nicht sofort zu ändern. Ein Pflegedienst beispielsweise ist mit dem bisherigen Namen – nicht selten Vor- und Zuname des Unternehmensgründers – gut bei seinen Kunden verankert. Die sofortige Änderung könnte sowohl bei den Patienten als auch bei Abrechnungseinrichtungen wie Krankenkassen für Irritationen sorgen. So könnte man im ersten Schritt das Logo modernisieren, im zweiten Schritt den Vornamen entfernen und irgendwann den Unternehmensnamen vollständig ändern. Auch das ist möglicherweise ein Prozess. Eine Umbenennung kann überdies nicht selten wegen eines schlechten Rufs erfolgen.

Beim Marketing ist darauf zu achten, dass man nicht den Fehler begeht, sich bei Kunden, aber auch Mitarbeitern mit einem lediglich zufriedenstellenden Niveau zu begnügen. Es kann durchaus sinnvoll sein, die Wahrnehmung der Unternehmung vollständig zu ändern und dadurch neue Kundengruppen zu erschließen oder kompetente Mitarbeiter auf sich aufmerksam zu machen.

Die Homepage ist die erste Visitenkarte des Unternehmens. Hier muss es dem Kunden sofort möglich sein, das Produkt zu verstehen, aber auch zu kaufen. Hat die Website auf der ersten Seite einen Button zum Erwerb des Tickets, Fahrzeugs etc. oder muss man aufwendig über Unterseiten oder gar über erzwungene Kontaktnachrichten zum Erfolg (für den Kunden) gelangen?

Fazit 4

Das wirklich Wichtige für eine Unternehmensbewertung mit Kaufabsicht besteht darin, selbst festzulegen, ob die persönliche Grundmotivation groß genug und das Geschäftsmodell belastbar ist, dies mit einer rationalen Bewertungsgrundlage zu versehen und alle in diesem Buch genannten Punkte durchzugehen. Nur wenn der ursprünglich rationale Ansatz auch nach Verhandlungen oder Investitionen ganz nüchtern betrachtet der Ausgangslage entspricht, lohnt sich ein Investment. Abhängig sollte man dabei weder von Personen, Banken oder Politik sein, d. h. auch nicht indirekt durch Förderungen.

Unser *essential* gibt einen Einblick in das praktische Unternehmertum und ermutigt dazu, selbst Erfahrungen sammeln. Eine mathematische Möglichkeit der Unternehmensbewertung ist bis dato nicht bekannt oder möglich. Überdies gibt es politische oder regionale Entscheidungen, die ein Unternehmen beeinflussen: beispielsweise das Ansinnen, privaten Pflegediensten maximal 5 % Umsatzrendite zu erlauben, das Autofahren im Berliner Stadtzentrum zu verbieten oder Mietendeckel einzuführen.

Denken Sie deshalb beim Bewerten, Kaufen und Optimieren von Unternehmen vor allem an das Produkt. Henry Ford, Begründer der individuellen Mobilität, der das Leben unzähliger Menschen veränderte, sagte dazu:

> „Es ist nicht der Unternehmer, der die Löhne zahlt – er übergibt nur das Geld. Es ist das Produkt, das die Löhne zahlt."

Was Sie aus diesem *essential* mitnehmen können

- Unternehmensbewertungen sind immer individuell, aber in sich betrachtet präzise
- Für Konzerne und Start-ups gelten besondere Perspektiven
- Beweisen Sie Mut zum Kauf nach ganzheitlicher Prüfung und sorgfältiger Informationsverknüpfung
- Schlüssel für die Optimierung zwischen Personas, Mitarbeitern und konsequenter Strategieumsetzung
- Abhängigkeiten von Institutionen und Personen mindern oder verhindern den Erfolg